Erlebnis Winter

Bausteine für alternative Winterfreizeiten

2. überarbeitete Auflage

Melanie Kappl, Ludwig Bertle

ziel

Gelbe Reihe : Praktische Erlebnispädagogik

Wichtiger Hinweis des Verlages: Der Verlag hat sich bemüht, die Copyright-Inhaber aller verwendeten Zitate, Texte, Bilder, Abbildungen und Illustrationen zu ermitteln. Leider gelang dies nicht in allen Fällen. Sollten wir jemanden übergangen haben, so bitten wir die Copyright-Inhaber, sich mit uns in Verbindung zu setzen.

Inhalt und Form des vorliegenden Bandes liegen in der Verantwortung der Autoren.

Bibliografische Information Der Deutschen Bibliothek
Die Deutsche Bibliothek verzeichnet diese Publikation in der Deutschen Nationalbibliografie; detaillierte bibliografische Daten sind im Internet über *http://dnb.ddb.de* abrufbar.

Printed in Germany

ISBN 978-3-940 562-01-2

Verlag	ZIEL – Zentrum für interdisziplinäres erfahrungsorientiertes Lernen GmbH
	Zeuggasse 7– 9, 86150 Augsburg, www.ziel-verlag.de
	2. überarbeitete Auflage 2008

| Grafik und | Petra Hammerschmidt, *alex media GbR* |
| Layoutgestaltung | Zeuggasse 7– 9, 86150 Augsburg |

Druck und	Kessler Druck + Medien
buchbinderische	Michael-Schäffer-Straße 1
Verarbeitung	86399 Bobingen

Gedruckt auf Recystar matt (100 % Altpapier, "Blauer Engel")

Fotonachweis:

Umbach, Klaus: 12, 24, 57, 91, 115, 127, 144, 145u., 146, 147, 148o., 153, 155u., 231o.

Archiv DJH, LV Bayern: Titel, 17, 35u., 39, 42, 46, 47, 71, 77, 80, 81, 83, 86, 87, 90, 94, 95, 96, 104, 108, 114, 115, 117, 118, 119, 121, 122, 123, 126u., 127, 134, 135, 136, 137, 138, 147, 148u., 149, 150, 151, 152, 154, 155, 156, 158, 159, 160, 161, 162, 178, 179, 182, 183, 187, 190, 191, 198, 207, 227, 230, 231, 235, 237, 238, 239, 241, 242, 247

Kappl, Melanie: 173, 174, 175, 176, 177, 180, 181

Bertle, Ludwig: 11, 13, 16, 18, 19, 21, 27, 43, 51, 55, 59, 60, 61, 62, 63, 64, 67, 82, 84, 85, 86o., 88, 91, 92, 93, 103, 105, 107, 110, 111, 113, 125, 126o., 129, 130, 140, 142, 143, 145, 147, 148o., 165, 166, 167, 168, 169, 171, 185, 186, 188, 189, 193, 194, 195, 223, 226, 240, 257

Bertle, Pirmin: 34u., 221,

DAV, Ref. Natur und Umwelt: 14, 31, 35o.

Kleemann, Birgit: 141

Zeichnungen:

Bertle, Hannah: 58, 66, 69, 46

Böhm, Alexandra: 68

Bertle, Pirmin: 133

Kappl, Melanie: 152, 157, 161

Erlebnis Winter

Bausteine für alternative Winterfreizeiten

Ein Handbuch für
- Lehrer
- Jugendleiter
- Familiengruppenleiter
- Freizeitpädagogen
- Bergführer
- Skilehrer
- Fachübungsleiter
- Mütter
- Väter
- Kinder

Bausteine

- Schneeschuhwandern
- Schneespiele
- Naturerfahrungsspiele
- Spielaktionen
- Schneekunst
- Iglu- und Schneehöhle
- Rutschen
- Alternatives Pistenskifahren
- Skitouren mit Kindern
- Entspannen
- Wetter
- Schülerakzeptanz und Projekte
- Organisieren

Inhalt

Zu den Autoren von
„Erlebnis Winter"   6

Vorwort.   7

Bausteine

Schneeschuhwandern   11

Schneespiele   51

Naturerfahrungsspiele.   77

Spielaktionen   113

Schneekunst.   139

Iglu- und Schneehöhle   149

Rutschen   165

Alternatives Pistenskifahren   173

Skitouren mit Kindern   185

Entspannen.   195

Wetter   207

Schülerakzeptanz und Projekte   223

Organisation.   247

Literatur   261

Autoren

Zu den Autoren von „Erlebnis Winter"

Melanie Kappl
unterrichtet als Realschullehrerin die Fächer Sport und Biologie. Als Verbandsskilehrerin für alpinen Skilauf besitzt sie Erfahrung mit Kinder- und Jugendskikursen. Sie arbeitete 1998 in einer Arbeitsgruppe des Jugendherbergswerks zum Thema „Alternative Winterfreizeiten" mit.

Ludwig Bertle
ist ebenfalls Realschullehrer. Er besitzt als staatl. geprüfter Berg- und Skiführer langjährige Erfahrung mit Jugendarbeit und Erlebnispädagogik.

Vorwort

Am Anfang war das Unbehagen des Lehrers über die traditionellen „Skilager" und „Schulskikurse", die bei allem Spaß, den sie den Schülern bereiteten, einige gewichtige Nachteile haben:

- Sie vermitteln vor allem Kenntnisse über den Pistenskilauf, der längst zu einer fragwürdigen Massenbewegung geworden ist. Die durch ihn notwendigen Eingriffe in die Natur – nehmen die Schule und die Fachverbände ihren Erziehungsauftrag ernst – können nicht einfach verschweigen und ignoriert werden. Bei aller Wertschätzung des Wintersports ist es nicht sinnvoll, alle Schüler einer Schule oder alle Jugendlichen eines Verbands zum Skilauf zu motivieren.
- Selbst alle Variationen des Pisten-Skilaufs zusammen genommen vermitteln nur einen kleinen Ausschnitt aus der Fülle der Möglichkeiten, mit der Materie Schnee sportlich, spielerisch und kreativ umzugehen.
- Die Konzentration auf den Skilauf schließt in der Praxis die Teilnahme vieler Schüler am „Skilager" aus; dies wiederum stört sehr die pädagogischen Zielsetzungen, die sich mit einem Wochenendaufenthalt im Klassenverband verknüpfen lassen.
- Der Natur-Kontakt beim Skifahren hat den Nachteil, dass er in präpariertem Gelände unter Einsatz von viel Technik und im Beisein von Menschenmassen geschieht.
- Skifahren ist eine Einzelsportart, die sich wenig eignet, um soziale Fähigkeiten wie „teamwork" zu vermitteln. Gruppen-Spielformen lassen sich nur eingeschränkt anwenden.

Neue Entwicklungen im Wintersport und die Erlebnispädagogik

- Die ausschließliche Ausrichtung auf das Alpinskifahren kam schon vor etlichen Jahren abhanden. Zuerst gewann das Langlaufen Anhänger und entwickelte sich zum Breitensport, der es vor allem auch gemäßigten Freizeitsportlern erlaubte, sich sportlich in der freien Natur zu bewegen. Dann begann der Siegeszug des Snowboards, der vor allem die Teenies so begeisterte, dass sich inzwischen der Pistenskilauf gründlich verändert hat. Zusätzlich entstanden viele Spielarten um kürzere, breitere und stärker taillierte Pistenskier, die alle gemeinsam haben, dass sie mehr Sprünge, engere Radien und insgesamt mehr Bewegungsmöglichkeiten erlauben.

- Der klassische Schulskikurs wurde dadurch noch mehr erschwert, denn die zahlreichen zum Alpin-Skilehrer ausgebildeten Lehrer sind bei den Schülern mit ihren Künsten nicht mehr gefragt.
- Die Erlebnispädagogik hat zwar mit diesem internen Zwist nichts zu tun, doch setzt sie ganz anders geartete Schwerpunkte. Eine so „eng" ausgerichtete Sportart wie Alpinskifahren erscheint da nicht mehr zeitgemäß. Die Erlebnispädagogik macht den Winter und den Schnee zum Medium, das es dem Sporttreibendem erlaubt, Natur und Gruppe und das eigene Ego intensiver zu erleben. Der Maßstab des eigenen Könnens ist dabei nicht so wichtig. Das intensivere Erlebnis bewegt viele so, dass sie beglückt heimwärts ziehen, oder dass tiefere Einblicke vermittelt werden, die über lange Zeit Antrieb für die Persönlichkeitsentwicklung sein können.
- Sport und Natur also sind Medium, Mittel zum Zweck. Natur, Gruppe und das Ich stehen im Mittelpunkt des Erlebnisses. Auch Winter und Schnee sind ein herrliches Medium. Die Bandbreite der Erlebnismöglichkeiten ist riesig, die Beliebtheit bei Jugendlichen erstaunlich.

Das Deutsche Jugendherbergswerk, (DJH) Landesverband Bayern, bildete 1998 eine Arbeitsgruppe „Erlebnis Winter", die ein Konzept entwickelte

- Unter der Leitung von Jakob Murböck machten sich Anita Gierig, Melanie Kappl, Klaus Umbach und Ludwig Bertle Gedanken, wie alternative Winterfreizeiten konzeptionell aussehen könnten und welche Anforderungen an Jugendherbergen gestellt werden, in denen Schulklassen und Jugendgruppen logieren.
- Dabei flossen ihre Erfahrungen ein, die sie als Lehrer an Realschulen und Gymnasien, aber auch in der verbandlichen Jugendarbeit gesammelt hatten.
- Ein Pilot-Wochenende in der JH Mittenwald diente zur Konzept-Erprobung, aber auch speziell dem Test, wie unbedarfte Jugendliche mit Schneeschuhen bei hüfthohem Neuschnee zurecht kommen.
- Weitere Erprobungen gab es an der staatlichen Realschule Peißenberg durch die Autoren dieses Bandes mit einer 8. Klasse, bei der alle Schüler an einer einwöchigen Winterfreizeit teilnahmen – und begeistert waren.
- Auch inzwischen durchgeführte Winterfreizeiten mit 7. Klassen zeigten einhellig: wenn ein breites und alle Sinne anregendes Angebot an Winter-Erlebnismöglichkeiten besteht, dann lassen sich die Skifahrer mühelos in andere Schnee-Bereiche locken.
- Und die Nichtskifahrer lernen den Winter genau so intensiv kennen indem sie mit Schneeschuhen laufen, Iglus bauen, rutschen, Figuren bauen, spielen, und Vieles mehr machen.

- Das DJH hat es auch ermöglicht, dass dieser Band als Handreichung für Gruppenleiter erscheinen konnte. Es wird auch seine in den Alpen und Mittelgebirgen gelegenen Herbergen so mit Ausrüstung und „know-how" ausstatten, dass Gruppen dort Freizeiten durchführen können, ohne kommerzielle Anbieter beanspruchen zu müssen.
- Die Autoren bedanken sich an dieser Stelle für die Vorarbeit der Arbeitsgruppe und die Unterstützung des DJH, LV Bayern.
- Sie bedanken sich auch bei Schulleitung und Kollegen der staatl. Realschule Peißenberg und den Schülern besonders der Klasse 10 b im Schuljahr 2000/2001. Letztere waren als „Test- und Fotoobjekte" mehr als einmal gefordert.

Im November 2001
Melanie Kappl
Ludwig Bertle

Geleitwort

Der Winter ist seit einigen Jahren ins Gerede gekommen. Vor allem von Seiten des Umweltschutzes regt sich Kritik an einer Verschandelung der Landschaft durch immer leistungsfähigere Liftanlagen und glatt gewalzte, mit Schneekanonen präparierte Pisten.

Das vorliegende Buch, gestaltet von erfahrenen Pädagogen, zeigt auf sehr anschauliche Weise, dass sich Winterurlaub nicht in monotoner Pistenraserei erschöpfen muss, sondern dass es vielfältige, ansprechende Möglichkeiten gibt, das „Erlebnis Winter" voll auszukosten, den Winter von einer anderen Seite kennen zu lernen.

Der Landesverband Bayern im Deutschen Jugendherbergswerk hat dieses Buch entschieden gefördert, weil es seinen Grundzielen entgegenkommt. Wollen wir doch durch unsere Jugendherbergen nicht nur preiswerte Übernachtungsstätten für Schulklassen, Jugendgruppen, Einzelgäste und Familien zur Verfügung stellen, sondern im Rahmen einer modernen Erlebnispädagogik Anregungen und Angebote machen für eine tiefere Naturerfahrung, für Ruhe und Entspannung, aber auch für Aktivitäten, die Spaß vermitteln, Aktion bieten und einen Hauch von Abenteuer. In diesem Sinne haben wir in den letzten Jahren die durch ihre attraktive Lage dafür geeigneten Jugendherbergen kontinuierlich mit Wintersport- und Spielgeräten ausgestattet, um einen erlebnisreichen Winteraufenthalt zu gewährleisten. Natürlich steht auch eine fachliche Beratung durch die Herbergseltern zur Verfügung.

Das Buch „Erlebnis Winter" stammt aus der Feder von Praktikern, die auf eine langjährige Erfahrung mit Schul- und Jugendskikursen zurückblicken können. Die dargestellten „Bausteine" wurden nicht als „graue" Theorie entwickelt, sie sind vielmehr in der Praxis mehrfach erprobt und bewährt.

So können wir sicher sein, dass dieses Handbuch einen wertvollen Leitfaden darstellt für eine sinnvoll gestaltete Freizeit, die den Winter zu einem echten, nachwirkenden Erlebnis werden lässt.

Otto Wirthensohn
*Vorsitzender des Landesverbandes Bayern
im Deutschen Jugendherbergswerk*

Baustein
Schneeschuhwandern

1. Schneeschuhwandern

In der verschneiten Winterlandschaft ohne Touren- oder Langlaufskier auf Entdeckungsreise zu gehen gestaltet sich je nach Schneehöhe

Träume vom Winter werden begehbar

äußerst schwierig. Als geeignetes Fortbewegungsgerät für eine „hautnahe" Winterbegegnung bieten sich Schneeschuhe nicht nur für Snowboarder, sondern auch für Nichtskifahrer an. Dieses traditionelle, aber erst in den letzten Jahren wieder in Mode gekommene Fortbewegungsmittel ist in bestimmten Geländeformen den Skiern überlegen. Die breitere Trittfläche sorgt dafür, dass man weit weniger einsinkt als mit normalen Schuhen. Nur für die Ersten der Gruppe ist das Spuren im tiefen Schnee mühsam, alle anderen laufen in einem gebahnten Kanal.

Obwohl die Breite der Schneeschuhe dazu zwingt, hüftbreit und etwas watschelnd zu gehen, fällt es sehr leicht, die Balance zu halten. Skistöcke als Gehhilfe erleichtern die Fortbewegung. Das geringe Gewicht sorgt dafür, dass man sehr beweglich bleibt, Haken schlagen, über Zäune klettern oder von Hüttendächern springen kann. Der Phantasie sind keine Grenzen gesetzt. Die Verletzungsgefahr bleibt im Vergleich zu Skiern sehr gering. Schneeschuhlaufen kann ohne Vorkenntnisse bei einer Winterfreizeit angeboten werden, da die Gehtechnik leicht und rasch zu erlernen ist.

Geländewahl

Schneeschuhlaufen eignet sich für flaches bis mittelsteiles Gelände und für alle Schneearten. Auch tiefer Lockerschnee stellt zwar etwas erhöhte Anforderungen an die Kondition, aber kein ernstes Hindernis dar. Bei der Routenwahl sollte darauf geachtet werden, dass das Gelände landschaftlich abwechslungsreich und mit wechselnder Steilheit ausgestattet ist. Auf vorhandene Spuren ist man nicht angewiesen.

Handhabung des Geräts

Schneeschuhe sind meist aus Kunststoff oder Aluminium gefertigt, wiegen etwa zwei Kilogramm je Paar und haben eine Wespentaille-Form. An der Unterseite befinden sich Stahlklauen für harten Schnee, an der Ferse ist eine Steighilfe eingebaut. Die Ferse kann arretiert oder wie bei Tourenbindungen beweglich gemacht werden. Die Bindungen sind in der Länge rasch auf jedes Schuhmaß einstellbar. In die Schneeschuhe kann man mit normalen Bergschuhen oder mit Ski- bzw. Snow-

boardschuhen einsteigen und sie mittels Schlaufen oder Steigeisen-
bindung befestigen. Die Hersteller geben meistens an, für welche
Tourentypen die jeweiligen Schneeschuhe geeignet sind; also ob sie
taugen für Wanderungen im Flachen, für Bergwanderungen oder
alpines Gelände. Angegeben ist auch das geeignete Körpergewicht.

Gehtechnik

Kennzeichnend für das Schneeschuhwandern
ist das Anlegen einer hüftbreiten Spur, die
ähnlich dem Skitourengehen bei gleichbleiben-
der Steilheit das Gelände geschickt auszu-
nutzen sucht und im Steilen häufig in Serpen-
tinen verläuft.

Beim Gehen ist es nötig, den Fuß deutlich ab-
zuheben und den Schneeschuh flach aufzuset-
zen. Im steilen Gelände empfiehlt sich im
Lockerschnee der Einsatz der Schneeschuh-
kante, im Firn oder Harsch greifen die im
Schneeschuh eingebauten Steighilfen bei
flachem Aufsetzen. Zur Unterstützung der
Gehtechnik sind in der Länge verstellbare Skistöcke unverzichtbar.

Skistöcke sind eine große Stütze

Auch beim Abstieg werden die Schneeschuhe flach aufgesetzt. Bei
einer Serpentinenspur bilden sich Tritte ähnlich einer Fußspur mit
Schuhen, in der Falllinie allerdings beginnen sie in steilerem Gelände

zu rutschen, was
aber leicht in eine
kraftsparende, kon-
trollierte Bewegung
verwandelt werden
kann. Je härter die
Schneeoberfläche,
umso besser greifen
wiederum die Steig-
hilfen, so dass ein
Ausgleiten nicht zu
befürchten ist. Zu

Breitbeinig stapfend, die Schritte ausbalancierend

achten ist auf die Stolpergefahr, da die Breite der Schneeschuhe zu einer betont breiten Spur zwingt und ein Hängen bleiben an der Kleidung
möglich ist.

Kraftaufwand

Der Aufstieg mit Schneeschuhen ist hinsichtlich der Kondition dem
Tourenskigehen vergleichbar, für Anfänger jedoch deutlich kraftsparen-
der. Der Abstieg in der Aufstiegsspur macht im Vergleich zum Fuß-
abstieg im Tiefschnee weniger Mühe. Mit ungeübten Schülergruppen

empfehlen sich Touren, die zunächst 300 Höhenmeter nicht überschreiten sollten, später aber bis 600 m führen können.

Die ungewohnte Gehtechnik, ein breites Stapfen unter Einsatz der Stöcke, beansprucht anfangs mehr Ausdauer, doch lernen Jugendliche in wenigen Stunden, ihre Kräfte rationell und kraftsparend einzusetzen.

Umwelt

Wegloses Gehen im Winter bedeutet immer eine mögliche Gefährdung der Tiere.

Ihre Lebensräume sind zu beachten und ihre Ruhezonen möglichst nicht zu stören. Im Kennen- und Schützenlernen der winterlichen Tierwelt liegt eine besondere Chance des Schneeschuhwanderns.

Für folgende Tierarten könnte eine Störung bedrohlich werden: Rehe, Rotwild, Gemsen, Raufußhühner.

Es ist unter anderem die Aufgabe überlegt eingesetzter Naturerfahrungsspiele, darüber Kenntnisse und Problembewusstsein zu vermitteln.

Wegloses Gehen bedeutet mögliche Gefährdung der Tiere.

 **Siehe Seite 29 – 33:**
„Naturbelastung durch
Schneeschuhwandern"

Wie kann der Schneeschuhläufer diese Tiere schützen?

- Wälder, besonders junge Bestände, sollten gemieden werden und wenn doch berührt, dann auf Wegen oder Strassen durchquert werden;
- Markierungen und Hinweise sollten beachtet werden, bei vorhandenen geeigneten Aufstiegsspuren keine zusätzlichen angelegt werden;
- Futterstellen sollten gemieden werden;
- Wildtiere sollten, sobald man sie bemerkt, umgangen werden. Ist dies nicht möglich, macht man sie sanft auf sich aufmerksam. Dazu eignen sich Gespräche in normaler Lautstärke;
- Wildtiere sollten nie verfolgt, sondern immer nur per Fernglas aus der Distanz beobachtet werden;
- Tierspuren sollten zwar betrachtet und identifiziert, doch ebenfalls nie weiter verfolgt werden;
- Gerade Gruppen sollten sehr darauf achten, wenig Lärm zu erzeugen.

2. Ausrüstung

Schüler	Lehrer (zusätzlich)	Jugendherberge (ausleihbar)
• Sonnenbrille	• Apotheke	• Schneeschuhe
• Sonnencreme	• Kompass	• Skistöcke
• Sitzunterlage	• Höhenmesser	• Notfallrucksack
• Brotzeit	• Landkarte	• Landkarten
• Gamaschen	• Mobiltelefon	• Höhenmesser
• Berg-, Snowboard-, oder Skischuhe	• Lawinenschaufel	• Kompass
• Tagesrucksack	• Fernglas	• Lawinenschaufel
• Warmes Getränk in möglichst bruchsicherer Thermoskanne	• Spielanleitung, Spielematerial	• Biwaksack

Anmerkungen zur Ausrüstung:

• Bekleidung:

Schneeschuhlaufen strengt an und macht warm. Pistentaugliche Bekleidung schützt zwar gut gegen Kälte und Nässe, erlaubt aber häufig nicht, sich der Körperwärme anzupassen.

Mehrschichtige Bekleidung aus atmungsaktiven Materialien ist für mehrstündiges Gehen immer vorzuziehen. Möglichst wasserdicht müssen allein Schuhe und Hosen, bzw. Gamaschen bis in Kniehöhe sein. Allenfalls für besondere Aktionen wie etwa Iglu- oder Schneehöhlenbau empfiehlt sich wasserabweisende Überbekleidung. Mütze und Handschuhe sind unabdingbar.

• Schuhe:

Auf sie ist besonderes Augenmerk zu legen, denn nasse und damit unweigerlich kalte Füße beeinträchtigen den Erlebniswert einer Schneeschuhtour erheblich, stellen aber auch eine gesundheitliche Gefährdung dar.

Sehr empfehlenswert sind Snowboard-Softschuhe, schwere Berg- oder Skitourenstiefel. Leichter gebaute Trekkingschuhe sind bei tiefem oder gar nassem Schnee nur bedingt zu empfehlen, Turnschuhe und Langlaufschuhe sind generell ausgeschlossen.

Auch Schneeschuhläufer sind gut ausgerüstet

• Sonnenschutz:

Neben der Nässe stellt für Jugendliche vor allem die UV-Strahlung eine Bedrohung dar, die diese aus fehlender eigener Erfahrung leicht unterschätzen. Daher ist Sorge zu tragen, dass jeder Schüler eine UV-Strahlen absorbierende Sonnenbrille besitzt, und in der Gruppe ausreichend Sonnencreme mit hohem Lichtschutzfaktor (> 10) mitgeführt wird, damit sich jeder eincremen kann.

• Tagesrucksack:

Eignet sich zum Verpacken von Essen und Trinken, abgelegten Kleidungsstücken oder gesammelten Gegenständen.
Es können sich auch mehrere Jugendliche für einen Rucksack zusammentun.

• Getränke:

Wichtiger als Essen ist eine ausreichende Menge an möglichst warmem Getränk. Gerade Kinder und Jugendliche benötigen für eine mehrstündige Wanderung mindestens 1 l Flüssigkeit. Stehen keine Thermoskannen oder spezielle Aluflaschen zur Verfügung, dann sind großvolumige Leichtglas- oder Kunststoffflaschen ein notdürftiger, aber leicht zu beschaffender Ersatz.

3. Führen von Gruppen im winterlichen Gebirge

Erlebniswert

Der besondere Erlebniswert von Wanderungen im Winter besteht in den berührenden Eindrücken einer tief verschneiten Wald- und Wiesenflur, mit tief herab hängenden Ästen, einer glitzernden, unberührten Schnee-oberfläche, die sonnen beschienen gleißend hell ist. Verschneite Bäume und Hütten gleichen bizarren, die Phantasie anregenden Gestalten. Sich hier einen Weg zu bahnen, erfordert Kraft und Ausdauer, Orientierungs-vermögen und Mut. Die Spurarbeit zu verrichten ist bei tiefem Schnee mühsam und verlangt die Mithilfe der ganzen Gruppe. Der Charakter eines Abenteuers ist für jeden spürbar, so dass auch Kinder und Jugendliche den Ernst der Situation gut erkennen können.

Im Erlebnis einer wild-schönen Natur, des Ichs mit seinen Ängsten, Stärken und der Gruppe: darin liegt der besondere Reiz winterlichen Wanderns, das so zum Gesamterlebnis wird.

Traumlandschaft für Schneeschuhläufer in Mittenwald

Führungstechnik

Es kommt nun darauf an, nicht allein eine Strecke abzulaufen, sondern dies führungstechnisch so zu gestalten, dass

- die Jugendlichen Natur, Körper und Gruppe intensiv erleben,
- interessante Geländepunkte angelaufen werden und reizstarkes, abwechslungsreiches Gelände gesucht wird,
- das Tempo so verlangsamt wird, dass genug Zeit zum Schauen und Reden bleibt,
- auch die Rastplätze so gewählt sind, dass sie eine gute Aussicht gewähren oder einen besonders schönen Platz in der Landschaft dar-stellen,
- selbst das gemeinsame Essen durch optische Aufbereitung und Betonung des Gemeinschaftsgedankens zu einem eindrücklichen Er-lebnis gestaltet wird,
- der Leistungsbereitschaft und -fähigkeit entgegengekommen wird, indem die Gruppenmitglieder an der Führungs- und Spurarbeit betei-ligt werden,
- sie an der Planung und Vorbereitung der Tour mitwirken. Sie können dabei nicht nur wichtige Fähigkeiten erlernen, sondern sie identifizieren sich auch viel besser mit der geplanten Tour,

- der Tour eine Spielidee zugrunde gelegt wird, etwa „Eskimos ziehen auf Jagd". Dann werden alle Schritte der Planung und Ausführung unter einen die Phantasie anregenden Aspekt gestellt, der für lang andauernde Spannung sorgt,
- der Einbau von Naturerfahrungsspielen nicht nur das Lernen über die winterliche Natur fördert, sondern auch für Abwechslung, Bewegung, Spieltrieb und Interaktion in der Gruppe sorgt.

Gruppengröße

Während auf leichten Touren bis zu 15 Teilnehmer mitgehen können, muss die Zahl bei längeren Unternehmungen auf max. 8 zurückgeschraubt werden. Das bedeutet, dass z.B. eine Schulklasse oder Jugendgruppe in entsprechend viele Untergruppen aufgeteilt werden sollte.

„Während auf leichten Touren bis zu 15 Teilnehmer mitgehen können ..."

Motivation

Schüler und Jugendliche sind in der Regel nicht sonderlich motiviert, wenn Fußmärsche angesagt sind. Gehen sie in der Gruppe, steigt die Motivation oft deutlich an. Dabei muss aber darauf geachtet werden, nicht in zu großen Gruppen unterwegs zu sein, denn mit der Zunahme der Anonymität leiden Kommunikation, Motivation und Erlebniswert deutlich.

Doch reicht das Gruppenerlebnis allein oft nicht aus, um über längere Zeit Lust auf Laufen zu erzeugen. Ganz entscheidend ist es, die Tour zum Erlebnis zu machen, Spannung zu erzeugen, Abenteuerlichkeit zu vermitteln, dem Spieltrieb Raum zu bieten. Die Erfahrungen und Einsichten der Erlebnispädagogik (siehe Erlebniswert) helfen dabei sehr.

Abstieg/Abfahrt

Die Begeisterung der Jugendlichen wird durch einen interessanten Abstieg – oder noch besser – eine Abfahrt deutlich gesteigert.

Der große Vorteil des Schneeschuhwanderns liegt darin, dass
verschiedene Abfahrtsgeräte mitgenommen werden können. Auf
dem Rücken befestigt lassen
sich Snowboards, Bigfoots und
Rodel tragen. Das Abfahrtstempo
dieser doch recht unterschiedlichen Geräte unterscheidet sich
aber kaum. Allein die Schneeschuhläufer kommen etwas
langsamer voran. Der Lehrer/
Gruppenleiter kann im Tiefschnee ohne Mühe seine Gruppe
zusammenhalten. Er löst diese
Aufgabe auch dadurch, dass er
von Abschnitt zu Abschnitt markante Treffpunkte vorgibt, die
nicht zu verfehlen sind. Auf dem
Abstieg lassen sich Spielformen
einbauen, die Wartezeiten ver-
kürzen, die Monotonie des Trotts
aufbrechen und für neue Spannung sorgen.

Vom Hüttendach in tiefen Pulverschnee

Planung und Vorbereitung

Bestehende Tourenvorschläge sollen dem Orts unkundigen Gruppenleiter helfen, sich rasch zurechtzufinden und auf Erfahrungen Anderer
zurückzugreifen.
Und doch ist es empfehlenswert, das sich der Gruppenleiter selbst
intensiv mit der jeweiligen Schneeschuhtour befasst. Viele Führungs-
fehler auf der Tour lassen sich durch eine sorgfältige und überlegte
Vorbereitung verhindern.

Was ist zu tun?

• Die Route ist auf der **Karte** zu überprüfen. Wichtige Orientierungs-
  punkte muss sich der Lehrer einprägen. Die Schüler sind an der
  Groborientierung zu beteiligen.
• Der **Lawinenlagebericht** ist zu lesen oder über Fax, Telefon oder
  Internet zu beschaffen. Seine Aussagen sind auf die Tour umzusetzen. Bei Stufe 4 und 5 darf nicht gegangen werden, bei Stufe 3 ist
  eine Beratung durch die Bayer. Lawinenwarnzentrale angeraten.

- Der **Wetterbericht** ist zu lesen oder abzuhören und in die Planung einzubeziehen. Im Winter kann besser als im Sommer auch bei Niederschlag gegangen werden. Schneefall behindert zwar die Sicht, schafft aber besonders eindrucksvolle Winterstimmungen.

ALPENWETTER
Sonntag, 12.11.2000, 15 Uhr
erstellt von der Wetterdienststelle
Innsbruck für den Alpenverein

Wetterlage:
Eine kräftige Südwestwetterlage bestimmt in den nächsten Tagen die Witterung im
Alpenraum.

Wetteraussichten für Montag:

Westalpen:
Mit Ausnahme der nördlichen Teile der Ostschweiz wo es föhnbedingt noch zu teilweise sonnigen Abschnitten kommen kann, im übrigen Westalpenbereich bedeckt und verbreitet Niederschläge, die an der Alpensüdseite zum Teil ergiebig ausfallen können. Auf den Bergen weht stürmischer Südwestwind, Temperaturen in 3000 m um -3 Grad und in 4000 m bei -10 Grad.

Ostalpen
An der Alpennordseite durch Föhn wolkig und heiter. Die Berge des Alpenhauptkammes von der Bernia bis zu den Tauern stecken in Wolken und hier schneit es auch. An der Alpensüdseite in Südtirol, Norditalien bis

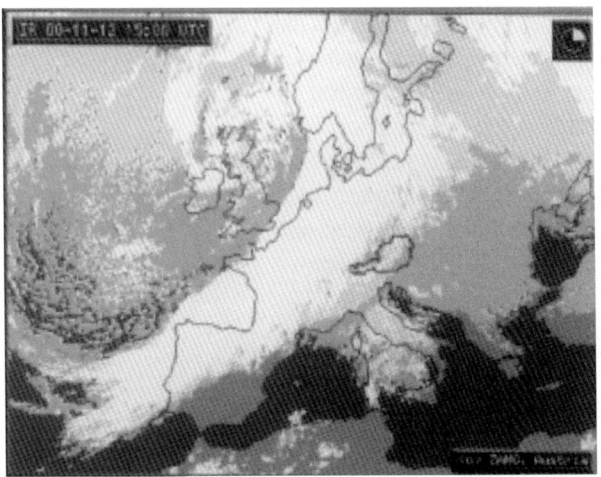

nach Kärnten stark bewölkt bis bedeckt und und zeitweise Regen, wobei die Intensität von West nach Ost nachläßt. Im Gebirge und den klassischen Föhntälern stürmischer Südwind, Temperaturen in 2000 m um 5 Grad und in 3000 m bei -2 Grad.

- Die Teilnehmer sind in **Gruppen einzuteilen.** Eine freie Zuordnung erhöht die Motivation. Sollen alle das Gleiche tun, wird ein Zulosen meist willig angenommen.
- Die **Einzelausrüstung** muss ausgeliehen und verteilt werden. (siehe Ausrüstungsliste). Die Teilnehmer müssen die Schneeschuhe anprobieren.
- Der Gruppenleiter stellt seine **Gruppenausrüstung** (siehe Ausrüstungsliste) zusammen und verteilt sie an einzelne Schüler.
- Er bereitet einige ausgewählte **Spiele** (siehe Baustein Schnee- und Naturerfahrungsspiele) vor und besorgt sich die dazu benötigten Utensilien.

Verpflichtung eines staatlich geprüften Bergführers

Und doch wird es häufig vorkommen, dass sich Gruppenleiter überfordert fühlen, gerade diesen Teil einer Winter-Freizeit eigenverantwortlich anzuleiten. Für Gruppen des Alpenvereins empfiehlt es sich, frühzeitig bei ihrer Sektion einen Fachübungsleiter anzufordern, der die nötige Qualifikation besitzt.

Lehrer von Schulklassen wenden sich an den Verband Deutscher Berg- und Skiführer, oder entnehmen dem Bergführerverzeichnis die Adressen ortskundiger und in Erlebnispädagogik geschulter Berg- und Skiführer.

Umgelegt auf alle Teilnehmer und die Gesamtkosten kann sich jede Gruppe eine geführte Tour leisten.

Über den Bergführer muss dann auch geklärt werden, ob eine Ausleihe von Verschütteten-Suchgeräten nötig ist und wie sie organisiert werden kann.

Schneetour mit gemischtem Abfahrtsgerät – ein Gruppenerlebnis

Adressen

Verband Deutscher Berg- und Skiführer
Telefon: ++49 8651 71221
Fax: ++49 8651 717678
e-mail:vdbs.geyer@talknet.de

4. Alpine Gefahren für den Schneeschuhwanderer

Schneeschuhwandern ist dem Tourenskilauf vergleichbar, weil die Route abseits gebahnter und markierter Wege führt. Damit wächst die Gefahr, die Orientierung zu verlieren und dadurch in unwegsames oder absturzgefährliches Gelände zu geraten. Auch wenn die meisten Gruppen-Schneeschuhtouren in mittelsteilem Gelände verlaufen, bleibt auch eine Rest-Lawinengefahr bestehen. Nicht zu unterschätzen ist die Bedrohung durch Kälteschäden und die Einwirkung der Sonne.

Lawinen

Zweifellos die unberechenbarste Gefahr im winterlichen Hochgebirge, weil eine Verschüttung immer akute Lebensgefahr bedeutet. Wer vollständig von Schnee bedeckt ist, muss innerhalb von 15 Minuten frei geschaufelt sein, um echte Überlebenschancen zu haben. Dieser Zeitraum ist so kurz, dass es für Schülergruppen nur eine Folgerung gibt: die Gruppe darf nicht in eine Lawine geraten und verschüttet werden.

Was sich vorbeugend machen lässt, ohne dass man auf Touren verzichtet?

1. Bei Gefahrenstufe 4 und 5 wird auf jegliche Tour außerhalb der Ebene verzichtet.
2. Der aktuelle Lawinenlagebericht wird gelesen oder über Telefon abgehört. Seine Warnhinweise werden so umgesetzt, dass auf die gefährlichen Bereiche verzichtet wird.
3. Die geplante und vorbereitete Tour wird noch einmal überprüft, ob sie den Anforderungen des Lawinenlageberichts entspricht. Wenn nicht, wird sie umgeplant oder abgesagt.
4. In Zweifelsfällen wird die persönliche Beratung der Bayer. Lawinen-warnzentrale in Anspruch genommen.

Ist eine Ausrüstung mit Verschüttetensuchgeräten, Lawinen-schaufeln und Sonden notwendig?

• Das Gefahrenrisiko ist **bei Schulklassen** so niedrig anzusetzen, dass eine Verschüttung mit anschließender Suche und Bergung aus-geschlossen ist. VS-Geräte und Sonden mitzuführen macht nur Sinn, wenn die Suche mit Verschütteten-Suchgeräten eingeübt ist und alle Teilnehmer damit ausgerüstet werden können. Die nach einer voll-ständigen Verschüttung zur Verfügung stehende Zeit bis zum Frei-

legen beträgt maximal 15 Minuten. Für ungeübte Gruppenleiter und -mitglieder ist diese Zeitspanne viel zu kurz.

Es kommt also entscheidend darauf an, von keiner Lawine erfasst zu werden und das Risiko durch überlegte Tourenplanung zu minimieren. Die mitgeführten Lawinenschaufeln sind nicht zum Freischaufeln gedacht, sondern zum Graben von Schneehöhlen, Schneefiguren, Bobbahnen u.ä.

• Auch **Jugend- und Familiengruppen werden den Schwerpunkt auf die Vorsorge legen**, also Touren planen, die große Sicherheit bieten, werden ins Flache ausweichen, wenn der Lawinenlagebericht ungünstig ist. Ihnen ist aber anzuraten, die Ausleihmöglichkeiten von VS-Geräten zu nutzen und besonders auf alpinen Schneeschuhtouren nur mit VS-Geräten unterwegs zu sein. Gerade junge Winter-Bergsteiger sollten sich an die konsequente VS-Geräte-Anwendung gewöhnen.

• **Technische Geräte suggerieren allerdings gerne eine Sicherheit**, die sie im Ernstfall nicht bieten können. In diesem lassen sie den Anwender leichtsinniger handeln als ohne VS-Gerät. Noch einmal: VS-Geräte helfen nur dann zum rascheren Auffinden eines Lawinen-Verschütteten, wenn die nicht verschütteten Gruppenmitglieder die Suche beherrschen. Die Zeitspanne von max. 15 Minuten ist so knapp, dass jede Hoffnung auf organisierte Rettung vergeblich ist.

• **Auch wenn vorbeugend alles getan ist nicht verschüttet zu werden, ergreift der Gruppenleiter auf der Tour zusätzliche Sicherheitsmaßnahmen**, die der Minimierung der – vielleicht nicht erkannten – Gefahr dienen:
  ‣ mögliche Gefahrenstellen (Steilhänge, Triebschneeablagerungen) werden umgangen, auch wenn das einen Umweg bedeutet;
  ‣ an diesen Stellen Entlastungsabstände von mind. 10 m zwischen den Teilnehmern einhalten;
  ‣ immer nur einen Teilnehmer in der vermeintlichen Gefahrenzone befinden lassen;
  ‣ warme und schneedichte Bekleidung anlegen;
  ‣ erhöhte Konzentration und genaue Beobachtung des Gefährdeten.

• **Und wenn wider alle Erwartungen doch etwas passiert?**
  Dann gilt es rasch zu handeln:
  1. Über die Notrufnummer 112 wird sofort Rettung angefordert;
  2. Es wird unverzüglich mit der Suche begonnen, indem genau geschaut wird, ob an der Oberfläche des Verschüttungsfeldes etwas sichtbar ist;

3. Ist ein Verschütteter erkannt, wird er so rasch wie möglich ausgeschaufelt;
4. Andernfalls wird mit dem VS-Gerät geortet und / oder
5. mit Hilfe der ausgefahrenen Skistöcke sondiert.
   Die Sondierung muss systematisch erfolgen.
6. Geborgene werden erstversorgt und warm und schockgerecht gelagert.

Schneeameisen erobern ein Hüttendach

Wichtig für alle Gruppenleiter, die lawinengefährliches Gelände betreten:
Sie müssen sich einer Lawinen-Ausbildung eines anerkannten Fachverbandes unterziehen. Ansonsten ist die Verpflichtung eines Fachübungsleiters oder staatl. gepr. Bergführers unumgänglich.

Verirren

Wer sich selbst den Weg suchen muss und sich dabei nicht an vorhandene Spuren halten kann, verliert leicht die Orientierung. Es sei denn er versteht die Karte zu lesen und mit dem Kompass umzugehen. Die beigefügten Kartenausschnitte (siehe S. 45 – 50) dienen nur dem Überblick und ersetzen nicht eine vollständige Landkarte möglichst im Maßstab 1 : 25 000.
Bei guter Sicht ist es in der Regel einfach, die der Karte entnommenen Informationen in die Wirklichkeit umzusetzen; bei Nebel oder Schneefall fällt das schon deutlich schwerer.
Ein wesentlicher Vorteil der Schneeschuhtour liegt in der ausgeprägten Gruppenspur, die man immer als sicheren Rückweg benutzen kann.

Wer mit Hilfe des Kompass seinen Weg finden möchte, muss das zuvor bereits geübt haben, um im Ernstfall erfolgreich zu sein.

Absturz

Touren, die im hochalpinen Gelände verlaufen, führen gelegentlich nahe an Felsabstürzen vorbei. Ein Fehler bei der Wegsuche kann schnell dazu führen, mit der Gruppe im absturzgefährlichen Steilhang zu stehen. Selbst wenn der Lehrer über Erfahrung im Umgang mit Sicherungstechniken verfügt, kommt der Einsatz eines Seiles nicht in Frage. Es wird auch gar nicht mitgeführt. Gefragt ist in all diesen Fällen konsequentes Handeln: Umkehren und entlang der Aufstiegsspur wieder zurückkehren bis zu einer Stelle, die man als richtig identifizieren kann. Von dort aus ist der Weiterweg neu zu bestimmen oder es ist ganz zurückzukehren.

Erfrierungen

Eine nicht unwesentliche Gefahr besteht bei großer Kälte darin, allgemein unterkühlt zu werden oder sich örtliche Erfrierungen zuzuziehen. Zwar ist die starke Wärmeentwicklung durch das Steigen mit Schneeschuhen die beste Vorbeugung gegen Kälteschäden, doch können bei sehr niedrigen Temperaturen, starker Wind, Verletzungen, Lawinenverschüttung, Durchnässung oder schlechte Bekleidung doch zu Unterkühlung und Erfrierungen führen.

Allgemeiner Unterkühlung

ist durch zweierlei vorzubeugen: durch Bewegung und durch warme, trockene Kleidung. Ist ein Teilnehmer trotzdem unterkühlt, gilt dasselbe. Zusätzlich werden ihm warme, zuckerhaltige Getränke zugeführt, nicht aber Alkohol. Bei Verletzten ist für Windschutz und eine isolierende Unterlage zu sorgen.

Auch gegen **örtliche Erfrierungen** helfen gute Bekleidung und Bewegung vorbeugend am besten. Erfrierungen werden während ihrer Entstehung meist nicht bemerkt, weil sie nicht schmerzen. Als Warnsymptom dient eine anhaltende Gefühllosigkeit.
Werden Erfrierungen am Taubheitsgefühl und weißen, fleckigen Hautstellen bemerkt, wird sofort gehandelt: das Gesicht wird durch warme Hände erwärmt, die Finger, indem man sie in die Achselgrube oder zwischen die Oberschenkel presst, die Zehen, indem sie ebenfalls mit warmen Händen massiert werden.

Zu beachten ist: Maßnahmen gegen allgemeine Unterkühlung haben stets Vorrang gegenüber denen bei örtlicher Erfrierung.

Überwärmung des Körpers

Da ein Hitzschlag als Folge eines Wärmestaus im Winter kaum auftritt, gilt das Augenmerk dem **Sonnenstich,** dem Sonnenbrand von Haut und Lippen sowie der Bindehautentzündung.

Durch die direkte intensive Sonneneinstrahlung auf den unbedeckten Kopf kann es zur Überwärmung des Gehirns, also zum Sonnenstich kommen. Heißer Kopf, Übelkeit und Schwindelgefühl sowie Muskelkrämpfe sind die Folge.

Gegenmaßnahmen:

einen schattigen Platz aufsuchen, flach lagern, Kleidung öffnen, mit kalten Umschlägen kühlen, kalte salzhaltige Getränke, Kontrolle von Atem und Kreislauf.
Häufig und durch die Zunahme der UV-Strahlung verstärkt treten Sonnenbrände auf, die während der Entstehung ebenfalls oft nicht bemerkt werden.

Die entscheidenden Maßnahmen liegen auch hier im Vorsorgebereich:

konsequent alle dem Licht ausgesetzten Körperteile mit Sonnenschutzcreme abdecken, die einen hohen Lichtschutzfaktor hat, oder durch Bekleidung schützen.
Ist der Sonnenbrand da, müssen die verbrannten Hautteile hundertprozentig gegen weitere Einstrahlung geschützt werden. Die Haut kann durch kaltes Wasser ohne Seife gekühlt werden.
Besonders empfindlich reagieren die **Lippen**; die Symptome sind wie beim Haut-Sonnenbrand. Sie sind vor jeder Tour konsequent mit Lippenschutzmitteln abzudecken, die ebenfalls einen hohen Lichtschutzfaktor haben.
Werden die Augen nicht durch eine Sonnenbrille geschützt, verursacht die hohe UV-Strahlung des Hochgebirges leicht eine sehr schmerzhafte Bindehautentzündung. Sie wird durch feuchte, kalte Augenumschläge und Schutz vor weiterer Helligkeit behandelt.

WICHTIG:
In allen Fällen von Verletzungen und Erkrankungen
ist zu prüfen, ob nicht umgehend ein Arzt aufzusuchen ist.

---

5. Bergrettung

Was ist zu tun bei Unfällen und Notlagen?

Eine Gruppe, die in Not gerät und sich aus eigener Kraft aus dieser nicht befreien oder durch ein zu-Hilfe-kommen von Rettungskräften die Folgen der Notlage verkleinern kann, holt Hilfe.

Das einfachste Mittel ist die Benutzung eines **„Handys"**: die Notrufnummer lautet in allen europäischen Ländern: **112**

Bergrettung geschieht heute meist per Hubschrauber

Da dies nicht immer zur Verfügung steht oder die Gruppe sich im Funkschatten befindet, kann es auch erforderlich sein, das **alpine Notsignal** zu senden: Innerhalb einer Minute wird sechsmal mit gleichen Pausen ein akustisches oder sichtbares Zeichen gegeben. Dies ist so lange fortzusetzen, bis das Antwortsignal erfolgt: dreimal pro Minute.

Jede **Unfallmeldung** sollte möglichst genaue Angaben machen, damit die Rettungsmaßnahmen effizient erfolgen können.

Sie gibt an,

- **was** passiert ist,
- **wo** sich die Gruppe befindet,
- **wann** der Unfall passiert ist und
- **wer** sowie wie viele verletzt sind.

In den meisten Fällen erfolgen Rettungsmaßnahmen heute durch den Einsatz eines Hubschraubers. Kann dieser fliegen, können Verletzte in kürzester Frist erst versorgt und rasch ins Krankenhaus gebracht werden. Trotzdem kommt der **Ersten Hilfe** innerhalb der Gruppe weiterhin eine große Bedeutung zu. Lehrkräfte, die mit Gruppen im winterlichen Hochgebirge unterwegs sind, sollten ihre Kenntnisse in Erster Hilfe in regelmäßigen Abständen auffrischen. Es ist durchaus empfehlenswert, eine Broschüre über Erste-Hilfe-Maßnahmen mit sich zu führen, um im Zweifelsfall nachlesen zu können.

Die Rucksackapotheke

Diese ist bei Gruppentouren vom Gruppenleiter verpflichtend mitzuführen. Medikamente sollten in einer Alu- oder Plastikbox, mindestens aber in einem verschließbaren, kräftigen Plastikbeutel verwahrt werden.

Ein **Mindestinhalt für Gruppentouren** ist:

• Heftpflasterverband, 5 cm breit	• 1 elastische Binde
• weitere Pflaster in keimfreier Verpackung	• 1 Dreieckstuch
• 5 keimfreie Kompressen	• 1 Alufolie (Rettungsdecke)
• 2 Verbandspäckchen bzw. Mullbinden	• Augentropfen
• 1 Rolle Heftpflaster	• rezeptfreie Schmerztabletten

5. Naturbelastung durch Schneeschuhwandern

Vorbemerkung

Wer sich zu Fuß durch die winterliche Landschaft bewegt, betreibt damit eine sanfte Form des Tourismus. Trotzdem darf nicht übersehen werden, dass bei falschem Verhalten auch Schäden an der Natur angerichtet werden können.

Dabei spielen Tritt- und Beschädigungen an Bäumen und Sträuchern keine Rolle. Indirekt allerdings kommt es durch die Beunruhigung des Wildes zu erhöhten Verbissschäden, vor allem an Jungpflanzen.

Das Eindringen in Lebensräume der wild lebenden Tiere bedeutet für diese vor allem im Winter eine große Bedrohung. Um den Winter mit seiner großen Nahrungsarmut zu überstehen, müssen die Tiere Vorräte anlegen und Energie sparen. Jedes unverhoffte Zusammentreffen mit dem Menschen bedeutet eine Störung, die zu Panik, Flucht und unnötigem Substanzverlust führt.

Flüchtet z.B. eine Gemse bei 50 cm tiefem Schnee bergauf, verbraucht sie etwa 60 mal so viel Energie als beim Gehen im ebenen Gelände. Mehrmalige Störungen zwingen die Wildtiere zu einer schlechteren Standortwahl und ständigem Sichern, während Ruhe und Nahrungsaufnahme angesagt wären. Wird das Wild häufig gestört, reichen die knappen Energiereserven nicht aus. Die Folgen: erhöhte Todeszahlen und vermehrter Wildverbiss.

Lebensräume einzelner Tierarten

Rotwild (Hirsche):

Durch Straßen, Pisten, Lifte und Seilbahnen werden die Lebensräume im Winter deutlich eingeengt. Durch Fütterung werden die Tiere, die früher in tiefere Auenwälder zogen, im Gebirge festgehalten. Ihre Einstände sind geschlossene Wälder

Energieverbrauch von Wildtieren bei unterschiedlichen Tätigkeiten und

und geschützte Lichtungen, die vom Menschen normalerweise nicht berührt werden. Werden sie gestört, fliehen sie oft weite Strecken. Ihr Bestand ist nicht bedroht; im Gegenteil erfordert die Verjüngung des Bergwaldes dringend eine Reduzierung des Rotwildbestandes.

Tierspuren im Schnee bzw. auf dem Waldboden

max. Größe /cm   langsam ⟶   schnell ⟶

Wildschwein   8

Rothirsch   8

Reh   5

Fuchs 5
Hund

Marder   vorn 5
hinten 4

Hase   5

Dachs   vorn 6
hinten 5

Otter   vorn 6,5
hinten 7,5

Luchs 8
Hund

Wild-katze 4
Haus-katze 3

Eichhörnchen   vorn 3
hinten 4

Wiesel (Hermelin)   vorn 2,5
hinten 2

Maus   vorn 1
hinten 1,5

Haselhuhn   Haselh. 5
Fasan 7

Kolkrabe   Kolkrabe 7

Gemsen:

Ihr Winter-Lebensraum liegt meist auf früh ausapernden, oft steilen Südhängen, auf denen sie Nahrung finden. Bei Störungen haben sie oft wenige Ausweichmöglichkeiten. Kommen ihnen Schneeschuhgänger nahe, reagieren sie in mittlerer Distanz relativ gelassen.
Ihr Bestand ist nicht bedroht.

Auerwild:

Es lebt bis in eine Höhe von 1600 m in lichten, alten Bergwäldern. Das Auerhuhn reagiert sehr empfindlich auf Störungen und stellt rasch die Nahrungsaufnahme ein. Es kommt inzwischen in den Alpen nur noch in zusammen-hängenden Biotopen vor.
Das Auerwild ist vom Aussterben bedroht.

Birkwild:

Bewohnt bis in eine Höhe von 2000 m die Waldgrenze mit offenen Latschen- und Mattenregionen. Es pflückt Knospen von freistehenden Büschen und Bäumen. Auf Störungen reagiert es empfindlich.
Ihre Bestände sind bedroht.

Gemse

Schneehuhn:

Kommt über 1700 m, meist über 1900 m vor, bevorzugt freie Flächen oberhalb der Waldgrenze. Es lebt in Schneehöhlen auf der Schatten-seite von Graten und Rücken, kommt zur Nahrungsaufnahme allerdings auf abgewehte, schneefreie Flächen.
Seine gute Tarnung erlaubt es dem Tourengeher kaum, es rechtzeitig zu erkennen. Erst wenn es auffliegt, wird er aufmerksam.
Schneeschuhläufer dringen wie die Skitourenläufer in ihre Lebensbereiche ein.

Schneehase:

Kommt zwischen 1300 und 3000 m vor, ist allerdings vor allem nachts aktiv. Er harrt tagsüber in sicherem Unterschlupf unter Steinen und Gehölzen aus, ist sehr scheu, hat stark behaarte Hinter-beine, Spreizzehen und mit Luft gefüllte Haare.

Tarnendes Birkhuhn

31

Was kann der Winterwanderer noch für die Natur tun?

• Vor allem bei der Anreise ins Gebirge öffentliche Verkehrsmittel bzw. Busse benutzen;

• Alternativen zum Pistenskilauf nutzen und damit den weiteren Bau von Pisten, Bahnen und Liften verhindern;

• Markierungen und Hinweise beachten, insbesondere die Routen-empfehlungen des DAV-Projekts „Skibergsteigen umweltfreundlich";

• Nur zwischen 10 und 16 Uhr im Lebensraum von Wildtieren verweilen;

• Verpackungsmüll in der Natur zerstört diese zwar nicht, doch stellt er eine Verschmutzung dar, die den Erlebniswert merklich beeinträchtigen kann;

• Wer die Natur schützen möchte, sollte sich engagieren, wenn er Missstände feststellt. Durch Gespräche mit anderen Naturnutzern, die der Natur Schaden zufügen oder durch Hinweise an Behörden bzw. Naturschutzverbänden kann in konkreten Fällen häufig Schlimmeres verhindert werden.

DAV-Projekt „Skibergsteigen umweltfreundlich":

Skitourenläufer dringen auf ihren Routen bei Aufstieg oder Abfahrt häufig, ohne es zu wissen, in Lebensräume von Raufußhühnern, Rot-, Reh- und Gamswild ein. Sie zwingen diese oft zur Flucht oder stören die Nahrungsaufnahme.

Die Folgen:
• Schwächung durch hohen Energieverbrauch beim Fliehen
• Ausweichen in weniger geeignete Räume
• Zunahme der Verbissschäden an jungen Bäumen
• Höhere Sterberate und Rückgang der Anzahl der Tiere
• Bedrohte Arten sterben aus

Der DAV (Deutscher Alpenverein) arbeitet mit dem bayerischen Umweltministerium zusammen und versucht die winterliche Nutzung durch Skitourenläufer in den Alpen so zu beeinflussen, dass einerseits die Natur geschützt wird und der freie Zugang des Menschen in die Natur weitgehend erhalten bleibt.

Die Leitlinien des Projekts:
• Intakte Lebensgemeinschaften insbesondere der Tiere dürfen nicht gefährdet werden;

• Damit auch künftig Natur hautnah erlebt und Wintersport ausgeübt werden kann, muss Skitourenlauf naturverträglich veranstaltet werden;

- Damit Skitourenläufer besser über gefährdete Biotope Bescheid wissen, werden sie darüber aufgeklärt (Hinweistafeln) und in sensiblen Zonen gelenkt (Routen-Markierungen);
- Die örtlichen Gebietskenner und Fachverbände werden in die Planung einbezogen, da sie wichtiges Wissen beisteuern und ohne sie keine Akzeptanz erreichbar ist;
- Alle Lenkungsmaßnahmen bauen auf Freiwilligkeit. Sie appellieren an die Vernunft der Tourengeher. Nur in Ausnahmefällen kommen Verbote in Betracht.

Die Arbeitsschritte:
- Zunächst werden die üblichen Skirouten erfasst. Dann erstellen Wildbiologen eine Kartierung der Wildtier-Lebensräume, wobei die Raufußhühner im Mittelpunkt stehen. Die Lebensräume werden abgestuft in:
  - Kerngebiete (Zentren der Lebensräume)
  - Brückengebiete (wichtige Verbindungen zwischen den Kerngebieten)
  - Randgebiete (nur teilweise genutzte Räume)
- Wo sich Tourengebiete und Lebensräume überschneiden, wird im Zusammenwirken aller Beteiligten nach Konfliktlösungen gesucht und eine langfristig angelegtes Konzept erarbeitet. Kontaktgruppen übernehmen Beobachtung, Erfolgskontrolle und Gebietsbetreuung. Vor allem interessiert, wie sich das Verhalten der Tourengeher und anderer Freizeitsportler ändert in Beziehung zu Raumwahl und Verhalten der Wildtiere.

Wie sehen Lenkungsmaßnahmen aus?
- Dort wo die Skinutzung seitlich begrenzt werden soll, weist das DAV-Zeichen die richtige Route;
- Es hilft auch, sich bei zweifelhaftem Routenverlauf an Schlüsselstellen zu orientieren. Der Zugang zu unerwünschten Routen kann auch durch Altholzbarrieren oder Anpflanzungen versperrt werden;
- An sensiblen Lebensräumen werden die Tourengeher vorbei gelenkt oder mit Hilfe von Hinweistafeln informiert;
- Manchmal werden erwünschte Routen wieder vom Bewuchs befreit, damit nicht in sensible benachbarte Gebiete ausgewichen wird.

Wo findet sich der Schneeschuhläufer wieder?
- Das Projekt „Skibergsteigen umweltfreundlich" gilt nur für den deutschen Alpenraum;
- Die Routen-Empfehlungen für Skitourengeher gelten gleichermaßen für den Schnneeschuhgeher;
- Er hält sich an die Empfehlungen und bleibt in sensiblen Zonen auf der markierten Route;
- Sein Aktionsradius wird dadurch nur unwesentlich eingegrenzt, sein Erlebniswert durch die Gewissheit, gefährdete Tierarten zu schützen, deutlich erhöht.

Im tiefen Schnee leichtfüßig unterwegs: Schüler einer 8. Klasse

Naturerlebnis „Wetter": eine gigantische Gewitterwolke

Nachdenklich – Besinnliches im Wechsel mit …

… wildem Toben

7. Lawinen

Der Lawinenlagebericht – ein Beispiel

**LAWINENWARNDIENST TIROL
LAGEBERICHT VOM FREITAG, DEN 10. FEBRUAR 1995**

▶▶ **GERINGE BIS MÄSSIGE LAWINENGEFAHR** ◀◀

- **Alpinwetterbericht der Wetterdienststelle Innsbruck:**
Über Mitteleuropa hat sich ein Hochdruckgebiet aufgebaut. In Osttirol ist es bereits heiter bis wolkenlos, auch in Nordtirol wird es nach Störungsauflösung überall sonnig. Auf den Bergen wehen schwache bis mäßige Winde aus Südwest bis West. Temperatur in 2000 m von -6 bis -2 Grad, in 3000 m von -11 bis -7 Grad.

- **Schneedeckenaufbau:**
Der Schneezuwachs hält sich heute in Grenzen, entlang Alpenhauptkammes hat es mit 10 cm am meisten geschneit. In schattseitigen Hängen ist die Schneedeckewegen der Schwimmschneeunterlage nur gering verfestigt.

BEURTEILUNG DER LAWINENGEFAHR:
Die Tourenverhältnisse bleiben allgemein günstig, es besteht   **1**
überwiegend eine geringe Lawinengefahr. In schattseitigen, ▶▶ **2**
hochalpinen Steilhängen muss der Tourengeher und Varianten   **3**
fahrer eine mäßige Schneebrettgefahr beachten.   **4**

Mag. Raimund Mayr

Erläuterung für den Schneeschuhwanderer:

Es herrscht die Gefahrenstufe 1 bis 2, also eine geringe bis mäßige Lawinengefahr. Der Tourengeher wird allerdings auf eine besondere Gefahrenstelle hingewiesen: „auf schattseitige, hochalpine Steilhänge", in denen „die Schneedecke wegen der Schwimmschneeunterlage nur gering verfestigt" ist. „Schattseitig" heißt an NW- bis NO-Hängen, „hochalpin" über 2000 m, „Steilhänge" Hänge über 30 Grad Neigung. Wer diese Zonen nicht berührt, und das dürfte für Schulklassen und Jugendgruppen, die als Schneeschuhgruppen unterwegs sind gelten, kann unbesorgt im mittelsteilen Gelände wandern. Wichtig: er muss nicht die Schneedecke analysieren, sondern begnügt sich, die Geländehinweise zu beachten. An diesem 10.02.1995 passierte im übrigen ein schwerer Gruppenunfall in sehr steilem, nordseitigen Gipfelhang über 2000 m Höhe.

Erläuterungen zur Gefahrenskala

Gefahrenstufe 1

bedeutet „geringe" Lawinengefahr: Es herrschen allgemein günstige Verhältnisse. Die Schneedecke ist im Allgemeinen gut verfestigt. Schneebrettauslösungen sind nur im extremen Steilgelände, besonders in hohen Kammlagen mit frischen Triebschneeablagerungen möglich, wenn eine große Gruppe ohne Abstände den Hang belastet. Diese Gefahrenstufe herrscht etwa 1/3 des Winters. Da fast alle Schneeschuhtouren im flachen bis mittelsteilen Gelände verlaufen, bedeutet dies, dass sie ohne Bedenken unternommen werden können.

Gefahrenstufe 2

heißt „mäßige" Lawinengefahr: es herrschen mehrheitlich günstige Verhältnisse. Trifft für ebenfalls 1/3 aller Wintertage zu. Die Schneedecke ist an einigen Steilhängen der im Lawinenlagebericht genannten Expositionen und Höhenlagen nur mäßig verfestigt. Hier ist vorsichtige Routenwahl angebracht. Zu achten ist vor allem auf Steilhänge, die im Abstieg berührt werden. Spontane Lawinen sind nur vereinzelt möglich. Auch hier gilt, dass die Schneeschuhgruppe kaum eine Möglichkeit hat, in gefährdete Bereiche vorzudringen.

Gefahrenstufe 3

heißt „erhebliche" Lawinengefahr: es herrschen teilweise ungünstige Verhältnisse. Trifft für etwa 1/4 aller Wintertage zu. Die Schneedecke ist an vielen Steilhängen der im Lawinenlagebericht angegebenen Expositionen und Höhenlagen nur mäßig bis schwach verfestigt. Hier sind Auslösungen auch durch Einzelgänger möglich. In extrem steilen Hängen sind Spontanauslösungen häufig. Wiederholte Wumm-Geräusche sind charakteristisch. Touren im alpinen Gelände erfordern eine überlegte Routenwahl. Für Schneeschuhgruppen bedeutet das, dass Steilhänge über 30 Grad zu meiden sind, an Gefahrenstellen die Gruppe in Abständen geht und auch darauf zu achten ist, nicht unter sehr steilen Hängen zu queren und dabei vom Hangfuß aus Schneebretter auszulösen. Bei dieser Gefahrenstufe empfiehlt sich bei Unsicherheiten die persönliche Lawinenberatung, die Verpflichtung eines staatlich geprüften Bergführers oder bereits der Verzicht auf die Tour.

Die **SnowCard,** von Martin Engler entwickelt und vom Deutschen Alpenverein vertrieben, ist inzwischen ein unverzichtbares Hilfsmittel, die Gefahrenlage richtig einzuschätzen. Sie zwingt jeden Tourengeher, alle Kriterien abzuchecken und sich ein objektives Bild zu machen. Ein verantwortungsvoller Gruppenleiter **muss** sie anwenden!

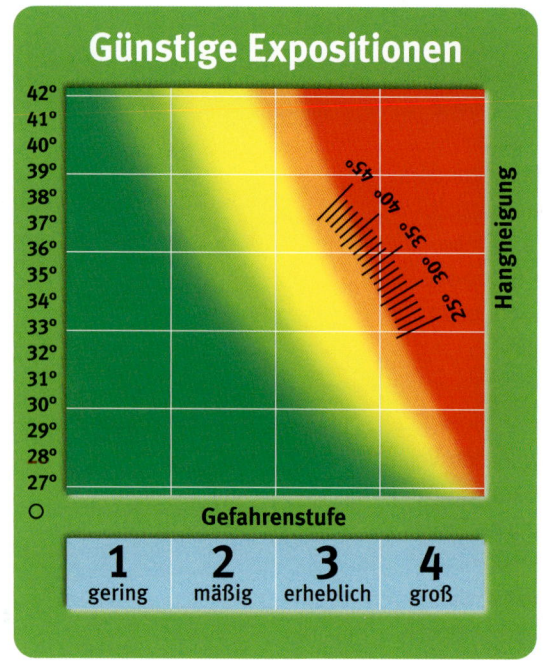

Funktionen der DAV SnowCard

1) Grün-gelb-rote Risiko-Grafiken (durch Schwenken des Prismabildes sichtbar) für:
– Ungünstige Bereiche
– Günstige Bereiche

2) Hangneigungsmesser: Skala zum Messen der Steilheit im Hang.

3) Skala zum Ablesen der maximalen Hangneigung in Grad.

4) Bohrung für die Aufhängung des Hangneigungsmessers (Pendel).

5) Skala von vier der fünf *) Gefahrenstufen im Lawinenlagebericht (Europäische Gefahrenskala).

*) Bei Gefahrenstufe fünf = sehr große Lawinengefahr, sind keine Unternehmungen mehr möglich. Deshalb wird sie hier nicht aufgeführt.

6) Check der drei Hauptfragen:
– Gefahrenstufe
– Hangneigung
– Hangexposition und -form (Exposition bedeutet Himmelsrichtung des Hangs).

7) Anleitung, in welchem Bereich um die Spur man die Steilheit (Neigung) der Hänge im Risikocheck beachtet.

8) Bedeutung der Farben für das Risiko und das empfohlene Verhalten.

9) Zwei Skalen zur Hangneigungsmessung für Landkarten. Kartenmaßstäbe von 1:50.000 und 1:25.000.

10) Internetadresse mit ausführlicher Anleitung, aktuellen Hintergrundinfos, Support und FAQ.

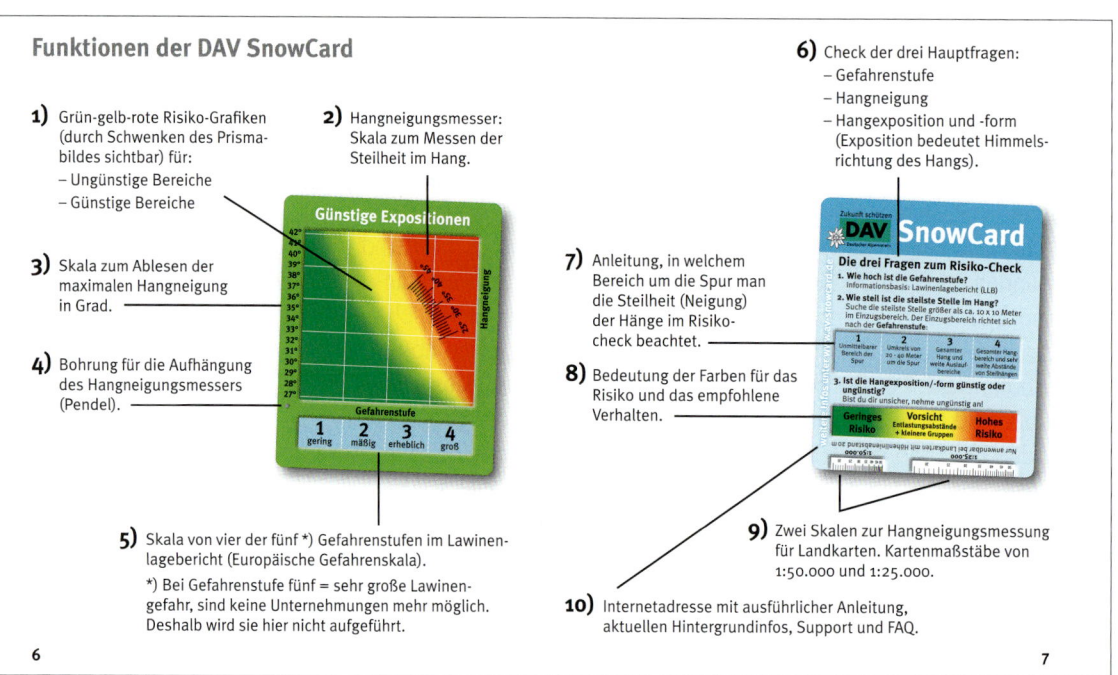

6

7

Vermummte Kinder wühlen durch tiefen Schnee

Gefahrenstufe 4

heißt „große" Lawinengefahr: sie gilt nur ein paar Tage pro Winter. Die Schneedecke ist in allen Hangrichtungen nur schwach verfestigt. Spontane Lawinen können große Ausmaße annehmen und sonst schützende Geländeformen überfluten. Fernauslösungen sind für diese Gefahrenstufe typisch. Ein kalkuliertes Risiko ist nicht mehr möglich, deshalb sollten Gruppen auf Schneeschuhtouren verzichten. Allenfalls können noch flache Bereiche im bewohnten Gebiet begangen werden.

Gefahrenstufe 5

heißt „sehr große" Lawinengefahr: sie ist sehr selten. Es herrschen ungünstige, ja katastrophale Verhältnisse. Es muss mit großen Tallawinen gerechnet werden. Sichere Unterkünfte werden nicht mehr verlassen und es ist eine Besserung der Lage abzuwarten, die in der Regel rasch erfolgt. Schneeschuhtouren sind ausgeschlossen.

Rettung und Information in den Alpen

Bergrettung		
alle europäischen Länder	Mobilfunk	112
Bayern Rettungsleitstellen	Festnetz	19222
	Mobilfunk mit Vorwahl	0831 Kempten
		0881 Weilheim
		08031 Rosenheim
		0861 Traunstein
Österreich Alpin-Notruf	Inland Ausland mit Vorwahl	140 0043-512 Innsbruck
Schweiz REGA	Inland Ausland	14 14 0041-333-333 333
Italien + Südtirol	Festnetz	118
Slowenien		112
Frankreich	zentraler Notruf Rettungsleitstelle Chamonix (PGHM)	15 0033-450-53 16 89

Alpine Auskunftsstellen		
Deutschland	Alpine Auskunft des DAV (Mo.–Fr.)	089-29 49 40
Österreich	Alpine Auskunft des OeAV	0043-512- 58 78 28
Südtirol	Alpine Auskunft des AVS	0039-0471- 99 99 55
Frankreich	Chamonix: Office de haute montagne (OHM)	0033- 450- 53 22 08
ASS-Versicherungsschutz für DAV-Mitglieder	ELVIA Notrufzentrale, 24-Stunden-Service	089-62424-393

Lawinenlageberichte

	Ansage	Persönliche Beratung	Faxabruf
Bayern	0049-89-9214-1210		
Tirol aus – Deutschland – Österreich	0043-512-581 839 503 0800-800 503	0043-512-581 839	0043-512-580915 0043-512-580915
Vorarlberg	0043-5522-1588	0043-5574-511 21126	
Salzburg	0043-662-1588	0043-662-8042-2170	0043-662-8042-3033
Oberösterreich	0043-732-1588	0043-732-7720-12492	
Kärnten	0043-50536-1588	0043-664-6202229	
Steiermark	0043-316-1588	0043-316-242200	0043-316-242300
Schweiz – Inland – Ausland	187 0041-848-800 187	081-41-70122 0041-81-41-70122	157338 71 national 157338 76 Grau- bünden
Südtirol	0039-0471-271177	0039-0471-414740	0039-0471-270555, -271177
Frankreich – Inland – Ausland	08-3668 1020 0033-8926 81020		

Alpine Wetterberichte

Alpenvereins-Wetterbericht für die gesamten Alpen		089-29 50 70
Persönliche Wetterberatung Innsbruck (DAV & OeAV) (Mo. – Sa. von 13 – 18 Uhr)		0043-512-291600
Österreich (nur aus Österreich + nur aus dem Festnetz !!)		090091-1566-
	Alpenwetterbericht	-80
	Regionalwetter	-81
	Ostalpen	-82
	Schweizer Alpen	-83
	Gardaseeberge	-84
Südtirol (deutsch oder italienisch)		0039-0471-27 11 77
Schweiz	aus dem Ausland	0041-848-800 162
	in der Schweiz – vom Handy	162
(nur aus der Schweiz + nur aus dem Festnetz !!)		
	Alpenwetterbericht	0900-55 21 38
	Spezialwetterbericht	0900-55 21 11
	Individuelle Wetterauskünfte (24-h)	0900-16 23 33
Frankreich	Meteo Chamonix	0033-892-680274

Geeignete Standorte gibt es: die JH Sudelfeld bei Bayrischzell

Familiengruppe auf Expedition bei Mittenwald

Keine Materialschlacht, sondern Notwendiges

8. Tourenvorschläge

Die folgenden vier Beispiele sollen zeigen, wie eine Schneeschuh-Tour mit Hilfe der Karte und des Augenscheins geplant werden kann. Anhand der Höhenlinien lässt sich die Steilheit des Geländes recht sicher feststellen. Auch der Bewuchs und damit die Frage, ob man Tiere in ihren Lebensräumen stört, ist der Karte zu entnehmen.

Es empfiehlt sich, markierte Sommerwege als grobe Leitlinie zu nehmen, offenes Gelände, Wiesen und Lichtungen dem Wald vorzuziehen. Schwieriger ist es zu erkennen, wo **reizstarkes Gelände** vorzufinden ist wie:

- Einzel-Baumbestand
- Waldränder
- Lichtungen
- Wächten
- Ausblicksmöglichkeiten
- Sonnige Plätze
- Hütten
- Felsblöcke
- Buckelwiesen
- Verschneite Bachläufe

Der geplante Routenverlauf ist in die Karte eingezeichnet, weitere Informationen sind der Tabelle zu entnehmen. Es ist wichtig, diese Informationen parat zu haben und aufzuschreiben, um Klarheit zu schaffen und nachlesen zu können.

Tour 1: Leichte Eingehtour

JH – Pkt 1278 m – Larcher Alm – JH Rundtour

Diese kleine Rundtour, die unmittelbar an der JH beginnt, eignet sich
als erste Wanderung mit Schneeschuhen. Sie führt entlang eines Wald-
randes über eine mittelsteile Bergwiese in nordwestliche Richtung an
einer Alm vorbei auf den Punkt 1278 m. Dort und bei den Almgebäu-
den ist auch geeignetes Gelände für Gruppen- und Naturerfahrungsspiele.

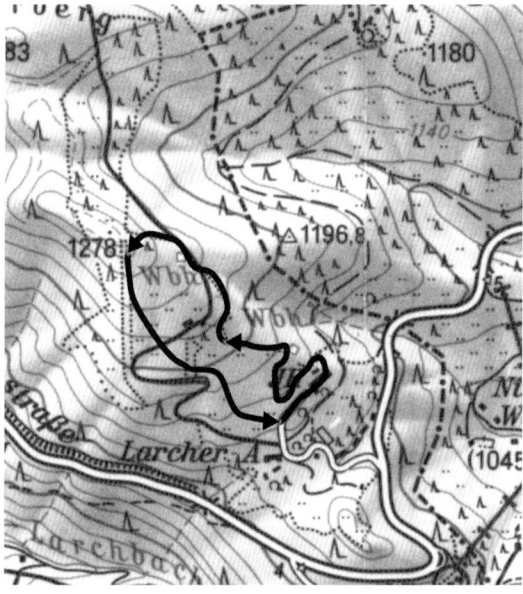

*Kartenskizze
einer leichten Eingehtour
am Sudelfeld*

• Ausgangspunkt:	Jugendherberge (JH)
• Endpunkt:	Jugendherberge (JH)
• Höhenunterschied:	130 m
• Strecke:	1,5 km
• Steilheit:	max. 20°
• Orientierung:	meist entlang markiertem Sommer-weg, auf halber Strecke Almgebäude, auch bei schlechter Sicht leicht zu finden
• Zeitbedarf:	2 Std.
• Exposition:	Süd
• Hinweise:	geeignetes, ungefährliches Gelände für Naturerfahrungsspiele; keine Lawinengefahr

Der tiefe Schnee schluckt die Geräusche

Wo sonst kann man sich so fallen lassen …,

wo sonst so hoch abspringen und weich landen?

Tour 2: Leichte Eingehtour

JH–Sommerweg in nordöstl. Richtung – vorbei an Pkt. 1196,8 – auf 1260 m Wendung nach Westen – östl. vorbei am Mitterberg – Pkt. 1278 m – JH

• Ausgangspunkt:	Jugendherberge (JH)
• Endpunkt:	Jugendherberge (JH)
• Höhenunterschied:	150 m
• Strecke:	3 km
• Steilheit:	max. 20°, meist deutlich flacher
• Orientierung:	benutzt weitgehend markierte Sommerwege, bis auf zwei Waldstücke offenes, gut einsehbares Gelände, benutzt markante Geländepunkte
• Zeitbedarf:	3 Std.
• Exposition:	überwiegend Süd
• Hinweise:	abwechslungsreich, Waldränder und Baumgruppen, gutes Spielgelände

Diese Rundtour hält sich an markierte Sommerwege, führt teils durch lichten Wald, teils über offenes, abwechslungsreiches Gelände mit gutem Ausblick. Weiträumiges, gefahrloses Spielgelände. Die Tour eignet sich ebenfalls für Anfänger. Es besteht keine Lawinengefahr.

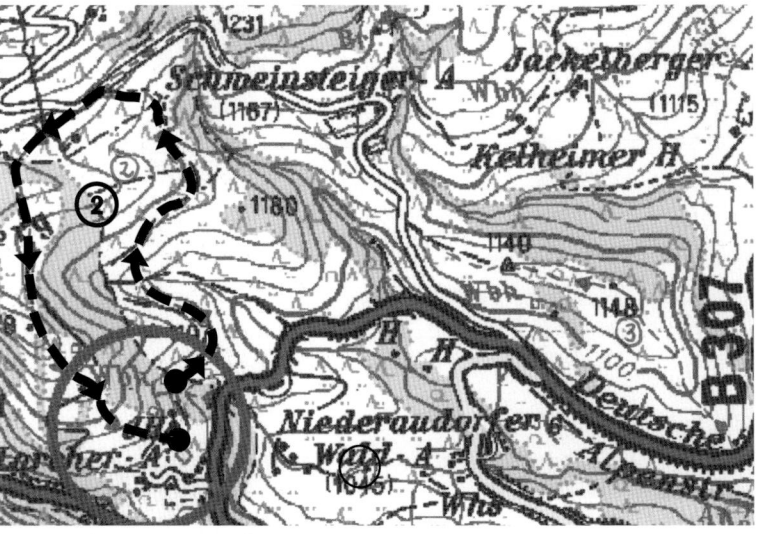

Tour 2

· · · · · · · · · · ·

Tour 3: Leichte Tour

**JH – Pkt. 1028,3 auf B 307 – Pkt. 1148 – Pkt. 1108 –
Schweinsteiger Alm 1167 – Pkt. 1231 östl. Mitterberg –
Pkt. 1278 – JH**

• Ausgangspunkt:	Jugendherberge (JH)
• Endpunkt:	Jugendherberge (JH)
• Höhenunterschied:	300 m
• Strecke:	4 km
• Steilheit:	max.15°
• Orientierung:	offenes, gut einsehbares Gelände, anfangs ausgeprägter Rücken, weitgehend entlang markierter Sommerwege
• Zeitbedarf:	4 Std.
• Exposition:	im Aufstieg Südost, im Abstieg Süd
• Hinweise:	flaches, weiträumiges Gelände, viel Platz für Geländespiele

Diese im Charakter eher flache Tour führt auf der B 307 in östliche
Richtung bis zu einer langen Linkskurve gegenüber der Rieder-Alm.
Sie steigt anfangs flach an auf den Pkt. 1148 und quert in der Folge
die Hänge bis zur Schweinsteiger-Alm, um dann wieder in südlicher
Richtung auf der Route 2 zum Ausgangspunkt zurückzukehren. Landschaftlich abwechslungsreich mit gutem Ausblick. Weiträumiges, gefahrloses Spielgelände.

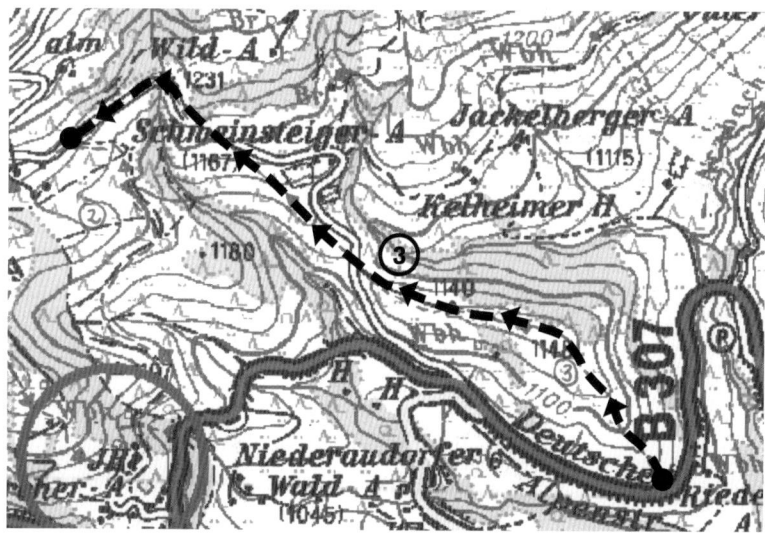

Tour 3

Tour 4: Tour

**JH – B 307 bei Fahrweg zur Sattelalm (1100) – Sattelalm –
Rücken auf Schreckenkopf (1315) – Dümpfel (1354) –
Rücken ins Arzbachtal – B 307 – JH Rundtour**

• Ausgangspunkt:	Jugendherberge (JH)
• Endpunkt:	Jugendherberge (JH)
• Höhenunterschied:	400 m
• Strecke:	2,5 km
• Steilheit:	max. 26°
• Orientierung:	offene Westhänge, Rücken und Waldränder als Leitlinie, eindeutiger Auftakt zur Sattelalm, im weiteren Verlauf keine Sommermarkierung
• Zeitbedarf:	4 Std.
• Exposition:	Süd und West
• Hinweise:	Weiträumiges, mittelsteiles Gelände, landschaftlich reizvoll, Spielgelände im Sattel zwischen Schreckenkopf und Dümpel

Diese Tour benutzt offenes Gelände, hält sich an Rücken und Waldsäume und steigt eher steil in Falllinie ab. Es werden 2 kleine Gipfel erstiegen. Ab Gefahrenstufe 3 ist die Lawinenlage zu prüfen. Allerdings verharschen die sonnenausgesetzten Hänge rasch und verfestigen die Schneedecke. Spielgelände nur auf wenigen Flachstufen. Gute Aussicht

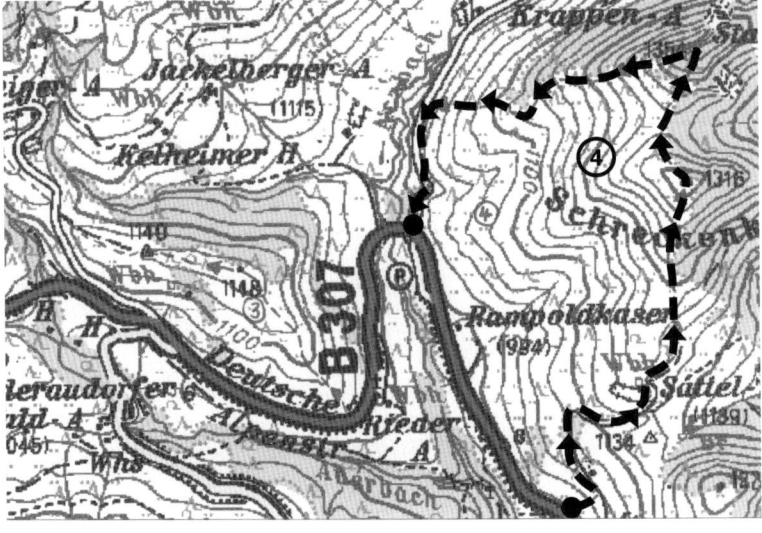

Tour 4

Baustein
Schneespiele

Vorbemerkung

Wer sich im Winter ins Freie begibt, wer am Fuße der Berge oder in den Bergen seine Freizeit verbringt, der bewegt sich fortwährend im Schnee. Doch Schnee bietet viel mehr als nur eine gute Unterlage für Rutschgeräte aller Art.

Der Schnee ist eine gut formbare Masse, eignet sich daher als **vielseitiger Werkstoff**, um der Phantasie und Gestaltungslust freie Bahn zu geben. Er hinterlässt getaut kaum Spuren, ist sauber und muss nicht recycelt werden.

Verschneite Landschaft ist aber auch eine **große weiße, reflektierende Fläche**, die Spuren der Menschen für einige Zeit bewahrt, diese aber nicht ganz leicht annimmt.

Schnee eignet sich als weiche, jeden Aufprall **dämpfende Unterlage**, um sportlich riskante Übungen zu machen, die andernorts aufwendige Sicherungsmaßnahmen erfordern würden.

Klar, auf Schnee lässt sich hervorragend **rutschen**. Aber eben nicht nur mit Skiern, Snowboards und Schlitten, sondern mit einfachen, oft improvisierten Mitteln.

Aus Schnee kann **Eis** gemacht werden. Dieses ist härter und haltbarer, verwandelt aber auch die Eigenart des Schnees.

Im Folgenden werden ausgewählte **Einzelspiele** vorgestellt, die dem sehr empfehlenswerten Buch

„Schneespiele" von Christine Felder und Christoph Frischmann, Innsbruck 1998, ISBN 3-9500792-0-3, Bezug über Kath. Jugendschar, Riedgasse 9, A 6020 Innsbruck, Tel. 004305122230 - 601, Fax 004305122230 - 618, email: kath.jugendschar@tirol.com

mit der Zustimmung der Autoren entnommen sind.

Der **Aufbau der Spielbeschreibungen** ist vier geteilt:
- Die **Idee** skizziert die Absicht
- Die **Ausführung** beschreibt den Verlauf des Spiels
- Die **Aufgaben** geben — falls nötig — noch genauere Hinweise was zu tun ist
- Eine Checkliste verschafft einen raschen Überblick

Diese Spiele lassen sich vielfältig einsetzen, in Schneeschuhtouren ebenso einbauen wie in Pausen beim Pistenskilauf.

Besonders empfehlenswert aber sind **Spielaktionen**, in denen mehrere oder viele Spiele zusammengefügt werden zu einem größeren Ganzen. Dabei geht es nicht nur um einen roten Faden, der die Spiele zusammenhält, sondern auch um eine die Aktion überwölbende, die Phantasie der Schüler anregende Idee oder Geschichte.

Die hier aufgeführten Spiele grenzen sich einmal ab gegen **Naturerfahrungsspiele**, mit deren Hilfe Wissen über Natur und Ökologie spielerisch vermittelt werden soll.

Aber auch gegen **Schneekunst**, bei der der Werkstoff Schnee in den Hintergrund tritt vor der Gestaltungskraft der „Künstler". Beide bilden in dieser Handreichung einen eigenen Baustein.

Keine Berührungsangst

Schneespiele

1. Labyrinth

Gruppengröße:
Ab 2 Personen

Alter:
Ab 5 Jahre

Zeitbedarf:
Mind. 2 Stunden

Wann:
Tag; evtl. auch Nacht

Wo:
Am besten freie Fläche

Wetter:
Egal

Material:
Schreibzeug, Schaufeln,
lange Schnur, Skistock,
Gegenstände aus der Natur

Art der Aktivität:
Aktiv, spielerisch, lustig

Idee:
Ein Labyrinth zu bauen ist eine spannende planerische, aber auch körperlich anstrengende Aufgabe. Das anschließende Wegfinden macht Spaß, vor allem wenn es um weitere Aufgabenstellungen ergänzt wird. Das Spiel eignet sich besonders bei tiefem Schnee, so dass tiefe Gänge entstehen.

Ausführung:
Zuerst wird ein Plan aufgezeichnet, der später auf die Schneefläche in größerem Maßstab übertragen wird. Der Zielpunkt des Labyrinths wird mit einem Skistock markiert, die Wege mit Schneeschuhen an den Füßen ausgetreten, ihre Länge unter Umständen mit Schnüren maßstabsgetreu abgemessen. Bei tiefem Schnee kann auch ausgeschaufelt werden; mit diesem Schnee können die Seitenwände erhöht werden.

Aufgaben:
a) Der Zielpunkt soll einzeln oder paarweise gefunden werden. Dabei spielt die Zeit keine Rolle.
b) Im Labyrinth werden Gegenstände aus der Natur versteckt und sollen gefunden werden. Es zählen also Orientierungsmöglichkeiten und Suchkonzentration.
c) Paarweise werden möglichst genaue Skizzen des Labyrinths angefertigt. Zusammen mit den gefundenen Gegenständen ergibt sich eine Punktewertung.
d) Möglich ist auch ein Wettlauf durch das Labyrinth, doch leiden darunter nicht nur die Seitenwände, sondern auch die sinnliche Wahrnehmung eines Irrgartens im Schnee.
e) Partner führen sich wechselseitig mit verbundenen Augen.

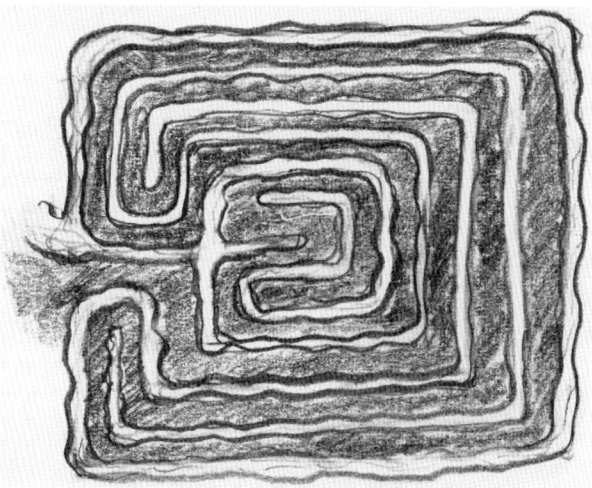

Schema eines Irrgartens

2. Blind Figuren treten

Idee:
Auf einer möglichst ebenen, unberührten Schneefläche sollen Schüler mit verbundenen Augen Figuren in den Schnee treten. Dabei können sie sich von Mitspielern ihrer Mannschaft durch Zuruf oder lautlos durch Seilzug steuern lassen. Ist der Augensinn ausgeschaltet, fallen selbst einfache geometrische Figuren schwer.

Ausführung:
Der „Blinde" mit Augenbinde erhält die Aufgabe, eine einfache geometrische Figur in den Schnee zu treten. Nach dem Abnehmen der Augenbinde wird das Ergebnis mit der Aufgabenstellung verglichen

Aufgaben:
a) Der „Blinde" soll z.B. einen Kreis von 5 m Durchmesser treten, ein gleichseitiges Dreieck, eine Acht, eine Ziffer u.ä.
b) Mehrere Gruppen spielen gegeneinander. Dem „Blinden" darf z.B. durch Zurufe oder durch Summen geholfen werden.
c) Es werden Fünfergruppen gebildet. Während sich der „Blinde" in der Mitte eines Quadrats mit einer Seitenlänge von ca. 7 m aufstellt, begeben sich seine Mitspieler an dessen Ecken. Mit Hilfe je einer Schnur steuern die 4 Mitspieler den Blinden, indem sie durch Seilzug Signale geben. Der „Blinde" muss eine vorgegebene, durchaus schwierigere Figur stapfen. Es darf kein Wort gesprochen werden.
d) Der „Blinde" schreitet einen Kreis ab, den die anderen bilden, und versucht anschließend den Mittelpunkt zu bestimmen. Dieser wird markiert und anschließend mit der richtigen Lösung verglichen, die Abweichung gemessen und verzeichnet.

Gruppengröße:
6 – 20 Personen

Alter:
Ab 5 Jahre

Zeitbedarf:
30 Minuten

Wann:
Tags, auch bei mäßigem Wetter

Wo:
Ebene, freie Fläche

Wetter:
Egal

Material:
Augenbinden 6 m lange Schnüre, aufgezeichnete Figuren mit Bemaßung

Art der Aktivität:
Aktiv, konzentriert, lustig

Vier Schnüre lenken den „Blinden"

3. Stapffiguren

Gruppengröße:
Ab 2 Personen

Alter:
Ab 5 Jahre

Zeitbedarf:
Ca. 15 Minuten

Wann:
Tag

Wo:
Am besten freie Fläche

Wetter:
Egal

Material:
Augenbinden, vorgezeichnete Figuren, kurzes Seilstück

Art der Aktivität:
Aktiv, spielerisch, lustig

Idee:
Einerseits werden verschiedene, selbst ausgesuchte Figuren in den unberührten Schnee gestapft; andererseits können „blinde" Mitspieler die Stapffiguren entlang geführt werden und müssen diese erraten.

Ausführung:
Der Sehende stapft mit Trippelschritten die Figur und führt anschließend oder gleich den „Blinden" durch seine Figur. Dieser muss die Figur erraten. Anschließend werden die Rollen getauscht.

Aufgaben:
a) Eine selbst erdachte Figur wird gestapft. Sie sollte aber als Umrisslinie allgemein bekannt sein. Zu schwierige Formen sind nicht erlaubt.
b) Der „blinde" Partner wird die Stapflinie stumm entlang geführt und soll diese erraten.
c) Anschließend wird die Rolle getauscht.
d) Der „Blinde" stapft eine Kopie der Figur. Beide werden miteinander verglichen.
e) Statt den „Blinden" an der Hand zu führen, kann die Verbindung auch mit einer ca. 1m langen Schnur hergestellt werden.

4. Körperabdrücke im Schnee

Idee:

So unverwechselbar jeder Körper ist, so individuell fällt auch sein Abdruck in einer unberührten Schneefläche aus. Das Spiel führt nicht nur zu einem intensiven Schneekontakt, sondern auch zu einer Beschäftigung mit dem eigenen Ich.

Ausführung:

Jeder Mitspieler lässt sich rücklings vorsichtig in den Schnee fallen, so dass ein genauer Abdruck seines Körpers entsteht. Die Arme können ausgebreitet sein.

Aufgaben:

a) Der Spielleiter nummeriert Felder (ca. 1 x 2 m) im Schnee, in die die Mitspieler ihre Abdrücke machen. Diese bekommen Augenbinden, so dass sie nicht wissen, wo ihr Abdruck ist. Der Spielleiter hat sich Nummern und Spieler notiert. Nach dem Entfernen der Augenbinden versuchen die Schüler, den Abdrücken die richtigen Namen zuzuordnen.

b) Es können auch 2 Spielgruppen gebildet werden, die verdeckt ihre Abdrücke herstellen. Die andere Gruppe muss möglichst viele Abdrücke richtig zuordnen können.

c) Was mit dem Körper geht, ist auch möglich mit: Gesicht, Händen, Schuhsohle, nackter Fuß, Gesäß.

Gruppengröße:
Ab 2 Personen

Alter:
Ab 5 Jahre

Zeitbedarf:
Ca. 15 – 30 Minuten

Wann:
Tag

Wo:
Am besten freie Fläche

Wetter:
Egal

Material:
Augenbinden, Papier und Stift

Art der Aktivität:
Spielerisch, lustig

Ganz einfach sich fallen lassen

5. Weiß in Weiß

Gruppengröße:
Ab 2 Personen

Alter:
Ab 5 Jahre

Zeitbedarf:
Ca. 30 Minuten

Wann:
Tag

Wo:
Am besten freie Fläche

Wetter:
Egal

Material:
Viele weiße Gegenstände
(Tischtennisbälle, gekochte
Eier...), Papier und Stift

Art der Aktivität:
Aktiv, spielerisch, lustig

Idee:
Der weiße Schnee ist ein ideales Versteck für weiße Gegenstände, ohne dass diese mit Schnee bedeckt werden. Tischtennisbälle, gekochte Eier, Papier, Kreide usw. eignen sich dafür.

Ausführung:
Der Spielleiter versteckt auf einer abgesteckten Spielfläche verschiedenste Gegenstände, ohne sie zu vergraben oder mit Schnee zu bedecken. Innerhalb einer vorgegebenen Zeit müssen die Mitspieler möglichst viele davon finden. Die Anzahl der zu suchenden Teile kann angegeben werden.

Aufgaben:
a) Der Spielleiter präpariert das Spielfeld. Die Größe ist je nach Zahl der Mitspieler unterschiedlich. Dann verteilt er die Gegenstände.
b) Die Mitspieler werden in Kleingruppen eingeteilt und mit dem Auftrag versehen, möglichst rasch möglichst viele Gegenstände zu finden.
c) Zusatzaufgabe: jede Kleingruppe darf nur einmal als Kette und ohne miteinander zu sprechen über das Spielfeld kämmen.
d) Die Kleingruppen dürfen selbst Gegenstände verstecken, sollen dabei aber nicht beobachtet werden. Sie fertigen einen Plan von ihren Verstecken an. Die Gruppen suchen nun im Wechsel ihr Gelände ab, sammeln aber die gefundenen Gegenstände nicht ein, sondern zeichnen ihrerseits einen Plan, den sie am Ende mit der Versteckgruppe vergleichen.

Wo sind weiße Gegenstände im Schnee

6. Lawinenabgang

Idee:

Vergrabene Gegenstände werden durch Ertasten mit Holzstäben oder Lawinensonden geortet und anschließend freigeschaufelt. Was hier ein Spiel ist, ähnelt sehr dem Ernstfall einer Lawinenverschüttung. Konzentration und Teamwork sind Voraussetzung für Erfolg.

Ausführung:

Der Spielleiter steckt einen nicht zu großen Lawinenkegel als Suchfeld mittels Markierungen (Zweige, Schnüre, Fähnchen etc.) ab. Er vergräbt verschiedene, nicht zu kleine und wenig wertvolle Gegenstände nicht tiefer als 50 cm im Schnee. Besser geeignet als eine unberührte Fläche ist hier eine zertretene. Bei ihr sind Grabspuren nicht mehr zu erkennen.

Aufgaben:

a) Den Spielern wird mitgeteilt, dass eine Lawine abgegangen ist und Hausrat, vielleicht auch Personen verschüttet hat. Die Verschüttungstiefe sei zum Glück gering. Es komme jetzt aber darauf an möglichst schnell zu arbeiten.

b) Der Spielleiter stellt alle an einer Startlinie auf, achtet darauf, dass zwischen den Spielern mind. 1 m Abstand bleibt, so dass jeder auch noch nach links und rechts sondieren kann, und gibt das Startzeichen.

c) Wenn ein Suchender einen Gegenstand ortet, markiert er die Fundstelle und beginnt ihn auszugraben. Die Schaufeln dafür stehen am Spielfeldrand bereit.

d) Nach 20 Minuten wird das Spiel unterbrochen. Die gefundenen Gegenstände werden gezählt und präsentiert.

e) Bei vielen Mitspielern empfiehlt es sich Mannschaften zu bilden (3 – 4 Spieler). Diese ergänzen sich dann im Sondieren und Ausgraben.

f) Eine Steigerung in der Anforderung wäre es, die Sondierenden mit verbundenen Augen suchen zu lassen.

Sondieren nach vergrabenen Gegenständen

Gruppengröße:
Ab 4 Personen

Alter:
Ab 10 Jahre

Zeitbedarf:
Ca. 1 Stunde

Wann:
Tag

Wo:
Am besten freie und zertretene Fläche

Wetter:
Egal

Material:
Begrenzungszeichen (Zweige, Schnüre, Fähnchen,...), 1 m lange Holzstäbe, Lawinenschaufeln, Gegenstände (Obst, Süßigkeiten,...)

Art der Aktivität:
Konzentriert, spannend, gemeinsam

7. Schnee – Ballspiele

Gruppengröße:
6 – 10 Personen

Alter:
Ab 5 Jahre

Zeitbedarf:
Ca. 30 Minuten

Wann:
Tag

Wo:
Am besten freie und ebene
Fläche

Wetter:
Egal

Material:
Fichtenzweige zum Markieren,
Soft- oder Tennisbälle

Art der Aktivität:
Aufwärmend, aktiv,
gemeinsam, lustig, laut

Idee:

Ballspiele im Schnee gewinnen ihren Reiz einerseits durch die weiche Boden-Unterlage, die jeden Sturz abfedert; andererseits bekommen Spieler und Ball durch den Schnee so viel Widerstand, dass die sonst raschen Bewegungsabläufe stark verzögert werden. Insgesamt werden die sonst geltenden Spielregeln übernommen.

Ausführung:

Es wird ein kleines Spielfeld mit Schnüren oder Fichtenzweigen abgesteckt. Als Tore dienen bei Fußball je Tor zwei Stecken, bei Handball zwei gut sichtbare Vertiefungen im Schnee. Fußball eignet sich nur für eine geringere Schneehöhe, Handball kann auch bei ganz tiefem Schnee gespielt werden. Die Mannschaften sollten nicht mehr als je 5 Mitspieler umfassen. Da auf Schnee zu spielen sehr anstrengt, muss die Spieldauer stark verkürzt werden.

Als Fußball eignet sich jeder leichte Soft- oder Plastikball; als Handball kommen Jonglier- oder Tennisbälle in Frage.

Winterliche Kampfszenen: wo ist der Ball

8. Schneeball – Parcours

Idee:
Schneebälle können mit den verschiedensten Gegenständen transportiert werden, z.B. auf Löffeln, Flaschenhälsen, Holzbrettchen u.a.. Werden die Schneebälle dabei noch über eine Hindernisstrecke getragen, entstehen reizvolle Bewegungsaufgaben.

Ausführung:
Zuerst wird eine interessante Wegstrecke „gebaut", also Hindernisse aus Gräben, Hügeln, gespannten Seilen errichtet und der Laufweg markiert. Dann werden Schneebälle geformt, Mannschaften gebildet und die Bälle vom Start zum Ziel transportiert. Dabei sollte die Zeit keine Rolle spielen. Jeder abgestürzte Schneeball gilt als verloren und wird nicht gepunktet. Oder nach dem Absturz des Balles muss der Spieler an seinen Ausgangspunkt zurück.

Aufgaben:
a) Als Staffellauf transportiert jede Mannschaft ihre Bälle so schnell wie möglich hin und her. Dabei kann jeder Spieler eine andere Variante des Transports wählen: der eine auf dem Löffel, der andere auf dem Frühstücksbrettchen, der dritte auf dem Flaschenhals usw. Zum Teamwork gehört auch die Einteilung der Staffelläufer.

b) Bei schwieriger Hindernisstrecke empfiehlt es sich, auf die Zeitmessung zu verzichten und sich allein auf die balancierenden Bewegungen zu konzentrieren. Die Übergabe des Balls kann erschwert werden, indem dieser dabei nicht in die Hand genommen werden darf.

c) Eine interessante Einlage ist eine Wurfstafette, bei der der Schneeball über ein Hindernis geworfen und anschließend gefangen werden muss.

d) Staffelläufe gewinnen an Spannung, wenn die Mannschaften synchron agieren.

e) Als Partnerspiel können Schneeball-Transportgebilde kreiert werden, die sich nur zu zweit bedienen lassen, etwa eine Tragbahre aus parallel gelegten Skistöcken, ein längeres Brett, das an beiden Enden gefasst wird, u.a..

Balancieren

Gruppengröße:
Ab 8 Personen

Alter:
Ab 5 Jahre

Zeitbedarf:
Ca. 1 Stunde

Wann:
Tag

Wo:
Am besten freie Fläche

Wetter:
Egal

Material:
Fähnchen oder Fichtenzweige, Stoppuhr, Löffel, leere Flasche, Brettchen, u.a.

Art der Aktivität:
aktivierend, lustig, laut, gemeinsam

Schneespiele

9. Schneekontakt

Gruppengröße:
Ab 8 Personen

Alter:
Ab 5 Jahre

Zeitbedarf:
Ca. 30 Minuten

Wann:
Tag

Wo:
Am besten freie Fläche

Wetter:
Egal

Material:
Einfache Hindernisse für die Wegstrecke

Art der Aktivität:
aktivierend, lustig, laut, gemeinsam

Idee:
Paare, deren Körpergröße ähnlich sein sollte, führen, mit Schneebällen verbunden, aufeinander abgestimmte Bewegungen aus. Mit zunehmender Eingespieltheit werden immer kühnere Synchronbewegungen möglich. Es ist eine bestimmte Wegstecke zurückzulegen.

Ausführung:
Die Gruppe teilt sich in Paare und formt je einen Schneeball. Dieser wird dann von jeweils gleichen Körperteilen eingeklemmt und weiter bewegt, ohne dass er herunterfällt. Es empfiehlt sich, Körperstellen mit Schneekontakt durch Handschuhe, Stirnbänder oder Mützen zu schützen.

Aufgaben:
a) Ein Schneeball wird zwischen die Flächen der jeweils rechten Hand geklemmt und das Paar legt so eine Hindernisstrecke zurück.
b) Der Schneeball kann auch zwischen den Knien, Ellbogen, Füßen, Stirnen eingeklemmt und transportiert werden.
c) Um den Schwierigkeitsgrad zu vermindern, kann der Schneeball etwas verformt werden.
d) Die Zusammensetzung der Paare kann ausgelost werden.
e) Auch in liegender Position können elegante Bewegungsaufgaben gelöst werden.

Gefragt sind synchrone Bewegungen

10. Schneeballgeister

Idee:

Hindernisläufer sollen aus etwa 10m Abstand mit Schneebällen getroffen werden. Wer getroffen ist, wird selbst zum „Schneeballgeist". Das Spiel endet, wenn nur noch einer übrig ist.

Ausführung:

Auf einer abgesteckten Laufbahn werden aus gerollten Schneekugeln oder mit Blöcken errichteten Mauern Hindernisse gebaut. Über diese hinweg oder sie als Deckung ausnützend müssen die Spieler von Ziellinie zu Ziellinie laufen und dürfen dabei von keinem Schneeball getroffen werden. Wer getroffen ist, wird selbst zum Schneeballgeist. Das Spiel endet, wenn nur noch ein ungetroffener Spieler übrig ist.

Aufgaben:

a) Die Laufbahn sollte etwa 30m lang und 10m breit sein. Zwei Ziellinien sind deutlich markiert. Die seitlich parallele Wurflinie, hinter der die Geister stehen und werfen, ist ebenfalls deutlich gekennzeichnet.

b) Auf Zuruf – „wer fürchtet sich vor dem Schneeballgeist?" – laufen die Spieler los, nutzen die Deckung und versuchen den Würfen auszuweichen, um ungetroffen ans Ziel zu gelangen. Da die Zahl der Schneeballgeister von Runde zu Runde zunimmt, wird es zunehmend schwieriger, ungetroffen durchzukommen.

c) Um Streit zu vermeiden, empfiehlt sich ein Schiedsrichter.

d) Die Geister dürfen keine Schneebälle auf Vorrat machen.

e) Hat ein Schneeballgeist 2 Spieler abgeschossen, erhält er sein „Leben" zurück und darf wieder ins Spiel.

Gruppengröße:
Ab 10 Personen

Alter:
Ab 5 Jahre

Zeitbedarf:
Ca. 30 Minuten

Wann:
Tag

Wo:
Am besten freie Fläche

Wetter:
Egal

Material:
Markierungen, evtl. Schaufeln

Art der Aktivität:
aktivierend, lustig, laut, gemeinsam

Zielwerfen

11. Wasserballtreiben

Gruppengröße:
ab 8 Personen

Alter:
ab 5 Jahre

Zeitbedarf:
ca. 30 Minuten

Wann:
Tag

Wo:
am besten freie Fläche

Wetter:
egal

Material:
Markierungen, Wasserball
oder stabiler Luftballon

Art der Aktivität:
aktivierend, lustig, laut,
gemeinsam

Idee:
Einen Wasserball/Luftballon mit Schneebällen über die gegnerische
Grenzlinie treiben.

Ausführung:
Auf einem Spielfeld von 8 m Länge und 15 m Breite werden die
Grundlinien als Ziellinie deutlich markiert. Die Wurflinie, hinter der sich
die Mannschaft aufzustellen hat, liegt noch einmal 3 m nach hinten versetzt. Der Ball soll nun mit Schneebällen so beworfen werden, dass er
die gegnerische Ziellinie überschreitet. Dafür gibt es je einen Punkt.
Die Mannschaft, die zuerst 10 Punkte erreicht, hat gewonnen.

Aufgaben:
a) Der Ball wird auf den Mittelpunkt gelegt. Auf ein Startzeichen hin
   wird geworfen. Vorab darf kein Schneeballvorrat angelegt werden.
b) Die Größe der Schneebälle sollte die einer Faust nicht überschreiten.

Wer den Wasserball zuerst über die gegnerische Linie treibt...

12. Leuchtturm

Idee:
Windlichter der anderen Gruppe mit Schneebällen auslöschen.

Ausführung:
Mehrere gleich große Gruppen bauen je einen ca. 150 cm hohen Leuchtturm, der mit 4 Öffnungen a. 10 x 20 cm versehen ist. In jeder dieser Öffnungen brennt ein Teelicht. Die anderen Gruppen versuchen diese mit Schneebällen auszulöschen. Wer als letzter brennende Lichter besitzt, hat gewonnen.

Aufgaben:
a) Die Leuchttürme werden in einem fest gelegten Abstand von ca. 20 m und nach den vorgegebenen Maßen errichtet.

b) Um den Leuchtturm ist eine Kreislinie zu markieren, die von den Angreifern nicht übertreten werden darf. 10 m Abstand zum Leuchtturm sollten gewahrt bleiben.

c) Ein Teil der Mannschaft muss verteidigen und gegnerische Schneebälle abwehren, der andere die Rolle von Angreifern übernehmen und die Windlichter der Gegner ausschießen.

d) Bei hartem Altschnee darf nicht scharf geworfen werden oder muss auf das Spiel verzichtet werden.

Gruppengröße:
ab 10 Personen

Alter:
ab 5 Jahre

Zeitbedarf:
ca. 1 Stunde

Wann:
Tag

Wo:
am besten freie Fläche

Wetter:
egal

Material:
Teelichter, Streichhölzer, Schaufeln

Art der Aktivität:
aktivierend, gemeinsam

13. Zielwerfen

Gruppengröße:
ab 6 Personen

Alter:
ab 5 Jahre

Zeitbedarf:
ca. 30 Minuten

Wann:
Tag

Wo:
am besten freie Fläche

Wetter:
egal

Material:
transportable Ziel-
Gegenstände (Dosen,
Eimer,...)

Art der Aktivität:
aktiv, lustig

Idee:
Ziele mit Schneebällen treffen und dafür Punkte bekommen.

Ausführung:
Verschiedene Gegenstände werden ausgesucht und markiert oder aufgestellt. Eine Wurflinie ist jeweils festzulegen, von der aus geworfen
werden darf. Ebenfalls wird festgelegt, wie viele Würfe erlaubt sind.
Geworfen wird einzeln oder in der Gruppe.

Aufgaben:
a) Als Ziele eignen sich am besten vorhandene, klar unterscheidbare
   Ziele wie Bäche, Masten, Dächer, Holzstädel, Zäune, Dosen, Eimer
   u.a.
b) Geworfen wird in einer fest gelegten Reihenfolge. Die Zahl der
   Würfe ist vorgegeben.
c) Das Team entscheidet, wer welche Würfe tätigt. Bedingung ist
   jedoch, dass jedes Mannschaftsmitglied beteiligt werden muss.

Schneeballwerfende Kinder – Zielscheibe

14. Turmbau

Idee:
Mit jeweils 4 Schneebällen pro Etage einen möglichst hohen Turm bauen.

Ausführung:
Paarweise oder zu dritt werden Türme innerhalb einer vorgegebenen Zeit gebaut. Die maximale Größe der Schneebälle wird vorgegeben. Die Höhe der Türme wird am Ende abgemessen.

Aufgaben:
a) Paare oder Dreiergruppen werden ausgelost. Diese suchen sich einen geeigneten, vor allem ebenen Platz.
b) Für die Fairness ist es wichtig, dass die Schneebälle nicht mehr als 10 cm Durchmesser haben und rund sind.
c) Es empfiehlt sich ohne Zeitdruck zu bauen. Wichtiger ist, dass mit Überlegung und Konzentration gebaut wird. Trotzdem wird eine Gesamtzeit festgesetzt, z.B. 15 Minuten.
d) Am Ende wird die erreichte Höhe gemessen.

Gruppengröße:
2 – 4 Personen

Alter:
ab 5

Zeitbedarf:
ca. 30 Minuten

Wann:
Tag

Wo:
freie, ebene Fläche

Wetter:
egal

Material:
Meterstab oder Maßband

Art der Aktivität:
Aktiv, konzentriert

Turmbau – ein heikles Unterfangen

14. Flaschenbobbahn

Gruppengröße:
2 – 4 Personen

Alter:
Ab 6

Zeitbedarf:
Für den Bau der Bahn 2 Std.;
für einen Wettkampf pro
Durchgang 10 Minuten.

Wann:
Tag

Wo:
Steilhang oder Schneehaufen

Wetter:
egal

Material:
Schaufeln, Flaschen,
Sprühflaschen oder Gieß-
kannen, Stoppuhr, Farbe.

Art der Aktivität:
kreativ

Idee:
Bau einer Flaschenbahn an einem Steilhang. Wettkämpfe mit Flaschen,
indem die Laufzeit gestoppt wird.

Ausführung:
Es wird eine Flaschen-Bobbahn gebaut mit Schussstücken, Kurven,
Tunnels, Brücken und Sprungschanzen. Über Nacht vereist, wird diese
„höllisch schnell". Die Flaschen können bemalt und befüllt werden.

Aufgaben:
a) Die Geländewahl ist wichtig: ein Steilhang mit Flachstücken, zu Fuß
   gut erreichbar. Neben der Bahn muss es einen Fußpfad geben. Eine
   Baugruppe sollte etwa 4 – 5 Schüler umfassen.
b) Nachdem die Grobtrasse und die Flaschengröße festgelegt wurden,
   baut jeder an einem Teilabschnitt. Die Bahn sollte abwechslungsreich sein und eine schnelle Fahrt erlauben.
c) Die Bahn wird mittels Flaschen geformt und geglättet, getestet und
   dann vereist. Am nächsten Tag ist sie für Wettläufe benutzbar.
d) Die Flaschen sollten individuell gestaltet werden, etwa bemalt,
   mit Nummern und Namen versehen usw.
e) Wettrennen können gemacht werden, indem die Zeit gestoppt wird
   oder der Auslauf gemessen wird.

Flaschenpost

15. Schneekegeln

Idee:
Selbst eine Kegelbahn bauen und darauf mit selbst gebastelten Kugeln kegeln.

Ausführung:
Auf einer ebenen Schnee- oder Eisfläche wird eine Kegelbahn abgesteckt, geglättet und mehrmals vereist. Danach werden Spielfeldmarkierungen aufgezeichnet und Eiskugeln hergestellt. Als Kegel dienen mit farbigem Wasser befüllte Plastikflaschen, die über Nacht gefroren sind.

Aufgaben:
a) Auf einem möglichst ebenen Untergrund wird eine Bahn hergestellt, indem sie abgesteckt, mit Schaufeln geglättet und anschließend vereist wird. Dabei sollten mehrere Lagen Eis entstehen.
b) Für die 9 Kegel werden gleich große 1,5 l-Plastikflaschen mit gefärbtem Wasser befüllt und ohne Deckel über Nacht gefroren.
c) Die Kugel wird hergestellt, indem im festen Schnee ein möglichst vollständiges Kugel-Loch mit Hilfe eines Balles vorbereitet wird. In dieses wird ein mit Wasser gefüllter, gleich großer Luftballon gelegt und ebenfalls über Nacht gefroren. Nachdem die Ballonhaut entfernt ist, kann die Eiskugel gerollt werden.
d) Gespielt wird nach den üblichen Kegelspielregeln.

Gruppengröße:
10 – 20 Personen

Alter:
Ab 12

Zeitbedarf:
Für den Bau der Bahn 3 Stunden. Für das Spiel die zum Kegeln üblichen Zeiten.

Wann:
Tag

Wo:
sehr ebene Fläche, Hofraum, Eisplatz

Wetter:
kalt

Material:
Ball, Luftballon, Plastikflaschen, Wandfarbe, Gießkannen.

Art der Aktivität:
kreativ, aktiv, spannend

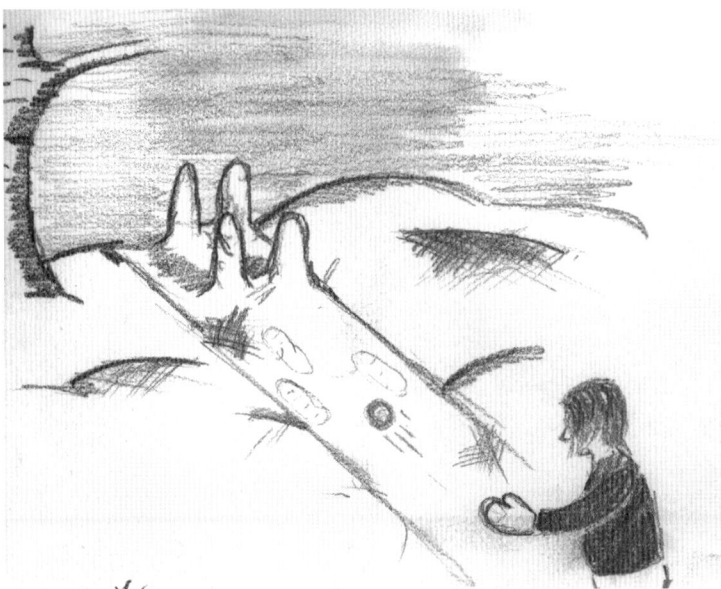

Schneekegeln

17. Schnee-Minigolf

Idee:
Eine selbst erdachte Minigolfbahn bauen und darauf spielen.

Ausführung:
Auf einem ebenen Schneefeld wird eine Minigolfanlage mit Kurven, Sprungschanze, Tunnels, Hindernissen gebaut und vereist. Als Ideengeber kann eine richtige Minigolfanlage dienen. Als Schläger dienen Plastikflaschen, Stiefel, Holzscheit, Latten etc.
Als Bälle eignen sich Tischtennisbälle, Tennisbälle, mit Sand gefüllte Bälle, Eiskugeln.

Aufgaben:
a) Zuerst wird eine Grobplanung erstellt, damit in Kleingruppen die Einzelbahnen gebaut werden können. Eine große ebene Fläche, etwa ein Basketballfeld, sollte vorhanden sein.
b) Dann werden Kleingruppen gebildet. Jede baut eine Bahn, deren Grobplanung vorgegeben ist. Mit Schaufeln und Brettern werden die Bahnen geformt und geglättet, mit Tennisbällen die Ziellöcher geformt. Für den Bau von Hügeln und Röhren können weitere Hilfsmittel verwendet werden, etwa Plastikrohre, Bretter, Holzscheite, Fichtenäste etc.
c) Über Nacht wird die Bahn vereist.
d) Wird ein Tennisball verwendet, ist die Treffsicherheit auch mit primitiven Schlägern wie Holzscheiten, kurzen Latten oder gefüllten Plastikflaschen größer.
e) Gespielt wird nach den Punkteregeln des Minigolfs.

18. Eisskulpturen

Idee:
Wasser in bizarren Formen gefrieren lassen.

Ausführung:
In Plastik- und Gummimaterialien wird Wasser eingefüllt, diese mit Blumendraht oder Schnüren zu Figuren gebunden und über Nacht gefroren. Unter heißem Wasser werden danach Plastik- oder Gummimaterial entfernt und die Figuren auf Schneesockeln präsentiert.

Aufgaben:
a) Als Füllgegenstände eignen sich kaputte Fahrradschläuche, Gummihandschuhe, Luftballone, Gefrierbeutel, Verpackungsfolie etc.
b) Mit Draht oder Schnüren werden Figuren abgebunden, die allerdings von oben in alle Verästelungen mit Wasser befüllbar sein müssen.
c) Nachdem sie mit Wasser befüllt sind, werden sie entweder auf eine gespannte Leine gehängt oder so in den Schnee gestellt, dass sie seitlich fixiert sind.
d) Am nächsten Tag werden Plastik oder Gummi entfernt und die Eisfiguren auf Schneesockeln präsentiert.
e) Es kann auch gefärbtes Wasser verwendet werden. Auch fertige Formen wie Plätzchenformen oder Sandspielzeug eignen sich zur Formgebung.

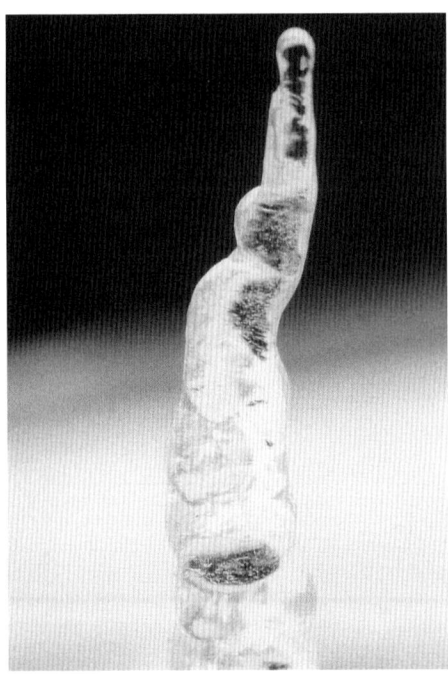

Eisgebilde lassen sich formen

Gruppengröße:
3 – 5 Personen

Alter:
ab 12

Zeitbedarf:
1,5 Std. für die Vorbereitung, 30 Minuten für die Präsentation.

Wann:
Tag

Wo:
in Hausnähe

Wetter:
kalt

Material:
dünne und leicht formbare Gummi- und Plastikmaterialien, Draht, Schnüre, Wäscheklammern, Messer, Wasserfarbe, Back- oder Sandformen.

Art der Aktivität:
kreativ, aktiv

19. Schneekristalle

Gruppengröße:
2 – 3 Personen

Alter:
ab 12

Zeitbedarf:
1 Stunde

Wann:
abends

Wo:
im Haus

Wetter:
Kalt, Schneefalll

Material:
Lupe oder Mikroskop, Papier, Bleistift, Messbecher, Haushaltswaage.

Art der Aktivität:
kreativ, konzentriert

Idee:
Neuschneeflocken und -kristalle genau betrachten und zeichnen.

Ausführung:
Schneeflocken werden mit einer kalten Metall- oder Glasplatte aufgefangen und unter der Lupe/dem Mikroskop betrachtet und evtl. abgezeichnet oder fotografiert.

Aufgaben:
a) Bei Schneefall werden Flocken auf kalten Flächen aufgefangen und in der Kälte genau betrachtet.
b) Auf daneben liegendes Papier werden mit Bleistift einzelne Kristalle abgezeichnet.
c) Die Schüler vergleichen ihre Ergebnisse mit den Fotos in Lehrbüchern zu Schnee- und Lawinenkunde.
d) In einem vorbereiteten Gefäß werden 1000 Kubikzentimeter Pulverschnee abgewogen und anschließend das Gewicht für 1 Kubikmeter errechnet.
e) Zum Vergleich wird das Gewicht von Altschnee gewogen und errechnet.

20. Eis-U-Boot

Idee:

Gegenstände, die sonst in Wasser untergehen würden, mit Hilfe von Eis in Wasser schwimmen lassen.

Ausführung:

Kleine schwere Gegenstände werden in Eiswürfel eingeschmolzen und anschließend in Wasser gelegt. Dort tauchen sie erst allmählich unter, wenn das Eis schmilzt.

Aufgaben:

a) Kleine metallische Gegenstände wie Schrauben, Ringe, Geldstücke werden über Nacht in Eiswürfel eingeschmolzen.

b) Anschließend in einem Warmwasserbecken schwimmen lassen, bis sie zu sinken beginnen.

c) Wenn das Eiswürfelwasser gefärbt ist, kann beobachtet werden, wie dieses nach der Schmelze zu sinken beginnt, weil es schwerer als das umgebende wärmere Wasser ist.

Gruppengröße:
2 – 4 Personen

Alter:
ab 6

Zeitbedarf:
1 Stunde

Wann:
abends

Wo:
in Hausnähe

Wetter:
kalt

Material:
Kleine Metallgegenstände, Eiswürfelbehälter, Wasserfarben.

Art der Aktivität:
kreativ

Gruppengröße:
2 – 3 Personen

Alter:
ab 12

Zeitbedarf:
Je 30 Minuten für Herstellung und Anwendung.

Wann:
abends

Wo:
im Haus

Wetter:
kalt

Material:
Verschiedene Gefäße, Frischhaltefolie, Hosengummi oder Klebeband, winzige Betrachtungsgegenstände.

Art der Aktivität:
konzentriert, aktiv

21. Eislinse

Idee:
Lupe aus Eis herstellen und anwenden.

Ausführung:
Auf einem Becher, Plastikeimer, Wasserglas etc. wird eine Frischhaltefolie nicht zu straff gespannt und befestigt. Gießt man auf die Folie vorsichtig Wasser, bildet sich eine Mulde, in der das Wasser steht. Stellt man das Ganze in die Kälte, gefriert es zu einer Eislinse. Durch diese können Gegenstände vergrößert betrachtet werden.

Aufgaben:
a) Zuerst werden in Partnerarbeit Gefäße mit verschiedenem Durchmesser bespannt und mit Wasser bedeckt.
b) Über Nacht gefrieren die Linsen, die unterschiedliche Brennweiten haben.
c) Am nächsten Tag werden sie als Lupe verwendet.
d) Die Linsenform wird mit der Vergrößerungswirkung verglichen. Anschließend wird versucht, optische Gesetze zu entwickeln.

22. Volumen schätzen und berechnen

Idee:
Schnee und Eis haben ein z.T. wesentlich geringeres spezifisches Gewicht als Wasser. Die Unterschiede zu schätzen und evtl. zu berechnen ist spannend und aufschlussreich.

Ausführung:
Eine in Litern zu messende Schneemenge wird zu Wasser geschmolzen. Wie viel Wasser wird das sein? Und welches Volumen hat der Eisblock, der sich wiederum aus dem Wasser gefrieren lässt?

Aufgaben:
a) Immer zwei Schüler haben den Auftrag, in einem Gefäß so viel Schnee zu sammeln, dass daraus 1 l Wasser wird. Sie dürfen keine Waage verwenden.

b) Die Gefäße werden zum Schmelzen des Schnees ins Haus gestellt. Anschließend wird mittels eines Messbechers genau ermittelt, wer am besten geschätzt hat.

c) Bevor die Gefäße mit dem Wasser in die kalte Winternacht gestellt werden, markiert jedes Paar mit einem Filzstift, wo ihrer Schätzung nach die obere Eisgrenze sein wird. Dazu ist es wichtig, dass die Gefäße möglichst gleich groß sind.

d) Am nächsten Tag wird ein erzeugter Eiswürfel in ein Gefäß mit 5 l Wasser gegeben, das etwa 30 Grad warm ist. Es ist von jedem Schülerpaar zu schätzen, auf welche Temperatur sich das Wasser abgekühlt haben wird, so bald dieser geschmolzen ist. Die Schätzung ist verdeckt aufzuschreiben.

e) Wenn die Schüler aus ihrem Physik-Unterricht Voraussetzungen mitbringen, um Energieberechnungen anzustellen, dann bietet sich das an dieser Stelle an.

Gruppengröße:
2 – 4 Personen

Alter:
ab 12

Zeitbedarf:
In der Vorbereitung 30 Minuten, nach der Vereisung jeweils 15 Minuten.

Wann:
Tag

Wo:
in der Nähe des Hauses

Wetter:
kalt

Material:
gleich große Wasser-Gefäße, Messstab, Messbecher, Schreibzeug, Thermometer.

Art der Aktivität:
kreativ, konzentriert

23. Wettermodell

Gruppengröße:
4 – 6 Personen

Alter:
ab 14

Zeitbedarf:
Für den Aufbau 2 Stunden,
für den Versuch 30 Minuten.

Wann:
Tag

Wo:
in der Nähe des Hauses

Wetter:
schön, kalt

Material:
ebener Untergrund, Natur-
materialien, Plastikfolie,
Schaufel, Gießkanne,
flache Wasserschüssel,
heißes Wasser.

Art der Aktivität:
kreativ, konzentriert

Idee:
Wasserkreislauf der Natur in selbst gebasteltem Modell vorzuführen.

Ausführung:
Im Freien wird auf einer großen Holzplatte (Tischtennisplatte, Tisch) eine Gebirgslandschaft nachgebaut und mit einer Klarsichtfolie überspannt. Auf diese gelegter Schnee kühlt die darunter aufsteigende Warmluft ab und lässt den Wasserdampf an der Folie kondensieren und „abregnen".

Aufgaben:
a) Aus Schnee und Naturmaterialien wird eine Gebirgslandschaft 'en miniature' gebaut. In einem Tal fließt ein Fluss, der ein zusätzliches Wassergefäß erhält, in das später warmes Wasser gefüllt wird. Die Berghänge gehen in eine umlaufende Schneemauer über, die den Luftaustausch zur Seite verhindern. Eine Öffnung zum Befüllen und Beobachten wird belassen.
b) Über alles wird eine Folie fest gespannt. Auf sie hinauf wird vorsichtig etwas Schnee gelegt.
c) Nachdem in das Gefäß im Fluss heißes Wasser gegossen wurde, steigt Wasserdampf auf und kondensiert an der Unterseite der Folie und „regnet" wieder ab.

Baustein
Naturerfahrungsspiele

Vorbemerkung

Spiele im Freien, die Spaß machen und nebenbei oder unterschwellig Einsichten in Zusammenhänge vermitteln, sollen nicht das Lernen in der Schule oder mittels kluger Texte ersetzen. Vielmehr bilden sie einen anderen Zugang zu Wissen und Verstehen. Am Anfang der **Naturerfahrungsspiele** steht immer die Lust, in Rollen zu schlüpfen, sie auszufüllen, sich ausgelassen zu bewegen, Mitspieler zu haben, mit denen man in Kontakt tritt.

Die **Erlebnispädagogik** geht nicht davon aus, dass Spieler sofort etwas lernen, dessen sie sich bewusst sind. Wichtiger ist, Nähe, ja Zuneigung zur Natur entstehen zu lassen, die allmählich Neugierde nach mehr Wissen, nach Zusammenhängen, nach Bedrohungen und Schutzmaßnahmen wachsen lässt.

Wenn Kinder und Jugendliche dabei selbst den Zeitpunkt bestimmen, wann sie Fragen stellen und wann sie Partei ergreifen, dann erfüllt das zwar Erwachsene mit Ungeduld, ist aber trotzdem in Ordnung.

Jedes der nachfolgenden Spiele erfordert zunächst keine Erklärung der Zusammenhänge, sondern macht aus der Spielidee heraus Spaß. Aber an jedes lässt sich eine ökologische Erklärung anbinden, jedes wirft Fragen auf, die vielleicht gestellt werden und deren Beantwortung Wissen vermittelt.

Die Spiele sind in drei **Untergruppen** eingeteilt:

- **Ökologie**
- **Wald und Baum**
- **Tiere**

Der **Aufbau der Spielbeschreibungen** ist ebenfalls vier geteilt:

- Die **Idee** skizziert die Absicht
- Die **Ausführung** beschreibt den Verlauf des Spiels
- Die **Aufgaben** geben — falls nötig — noch genauere Hinweise was zu tun ist
- Eine Checkliste verschafft einen raschen Überblick

Alle Spiele sind für den Winter und Schnee geeignet. Sie sind in ähnlicher Form auch in anderen Publikationen beschrieben. Als besonders gelungene Broschüre sei verwiesen auf

Spiel, Spaß und Verstehen, 72 Naturerfahrungsspiele
1998 hrsg. vom Deutschen Alpenverein,
und auf Josef Cornells
„Mit Kindern die Natur erleben"

Damit die Spiele gelingen, gibt es für den **Spielleiter** ein paar Dinge zu beachten:
- Er sollte mitspielen und dabei begeistern. Das kann er nur, wenn er selbst gerne spielt.
- Er muss das passende Gelände finden,
- aber auch den richtigen Zeitpunkt.
- Die zum Spiel nötigen Materialien müssen dabei sein.
- Er muss den Ablauf grob im Kopf haben und mögliche Hemmschuhe erkennen.
- Die Gruppe sollte motiviert sein.

1. Eulen und Krähen

Gruppengröße:
ab 8 Personen

Alter:
ab 7 Jahren

Zeitbedarf:
ca. 15 Minuten

wann:
Tag

wo:
am besten freie Fläche

Wetter:
egal

Material:
evtl. Fichtenzweige zum
Markieren

Art der Aktivität:
aufwärmend, aktivierend,
lustig, laut

Tipp:
eignet sich gut für die
Gewöhnung an Schneeschuhe

Idee:
Dieses Aufwärmspiel sorgt für Spaß. Mit Schneeschuhen an den
Füßen kann es zur Gewöhnung an das neue Gerät eingesetzt werden.

Ausführung:
Die Teilnehmer werden in zwei gleich starke Gruppen (Eulen und
Krähen) aufgeteilt. Sie stellen sich an einer markierten Linie gegenüber
auf. Für jede Gruppe gibt es ein paar Meter hinter der Mittellinie eine
Heimatlinie. Der Spielleiter macht eine Aussage, die richtig oder falsch
sein kann. Sofort danach laufen Eulen und Krähen los. Ist die Aussage
richtig, fangen die Eulen die Krähen, ist sie falsch, fangen die Krähen
die Eulen. Hinter der Heimatlinie darf nicht mehr gefangen werden.
Gefangene verwandeln sich und werden jeweils zum anderen Tier.
Das Spiel ist zu Ende, wenn es entweder keine Eulen oder Krähen
mehr gibt.

Aufgaben:
a) Der Spielleiter markiert das Spielfeld je nach Zahl und Alter der Mitspieler.
b) Die Schwierigkeit der Aussage ist vom Alter der Mitspieler abhängig
   zu machen.

Eulen und Krähen oder fangen und gefangen werden

2. Geräusche-Landkarte

Idee:
Im Vordergrund steht der Gedanke, die Natur einmal mit anderen Sinnen zu erleben.

Ausführung:
Die Teilnehmer bekommen eine Karteikarte und einen Stift. Sie sollen sich in der Umgebung verstreuen und sich einen Platz aussuchen, den sie besonders schön finden. Dort sollen sie sich hinsetzen oder -stellen und, am besten mit geschlossenen Augen, versuchen, sich möglichst nur auf ihr Gehör zu konzentrieren.

Aufgaben:
a) Alle wahrgenommenen Geräusche werden auf der Karte eingezeichnet. Ausgehend von der Mitte der Karte („X" = der Teilnehmer) wird mit einfachen Zeichnungen oder Symbolen eine „Landkarte" erstellt, aus welcher Richtung Geräusche gehört wurden, wie diese klangen und wer oder was der Verursacher war. Nach ca. 10 Minuten holt der Leiter alle wieder zusammen. Jeder darf seine Karte erklären.

b) Ist nicht so viel Zeit, kann man auch einfach nur fünf Minuten auf dem Boden liegen – ohne Karte. Für jedes neue Geräusch, das der Teilnehmer hört, hält er einen Finger hoch – es soll aber ganz still sein. Das gleiche Spiel kann man auch mit Gerüchen machen.

Gruppengröße:
ab 1 Person

Alter:
ab 5 Jahren

Zeitbedarf:
ca. 15 – 20 Minuten

wann:
Tag oder Nacht

wo:
nicht zu nahe an Verkehrswegen

Wetter:
am besten trocken, nicht zu kalt oder mit guter Kleidung

Material:
Karteikarten, Stifte

Art der Aktivität:
ruhig, besinnlich, sensibilisierend

Tipp:
eignet sich gut als Auflockerung bei längeren Wanderungen

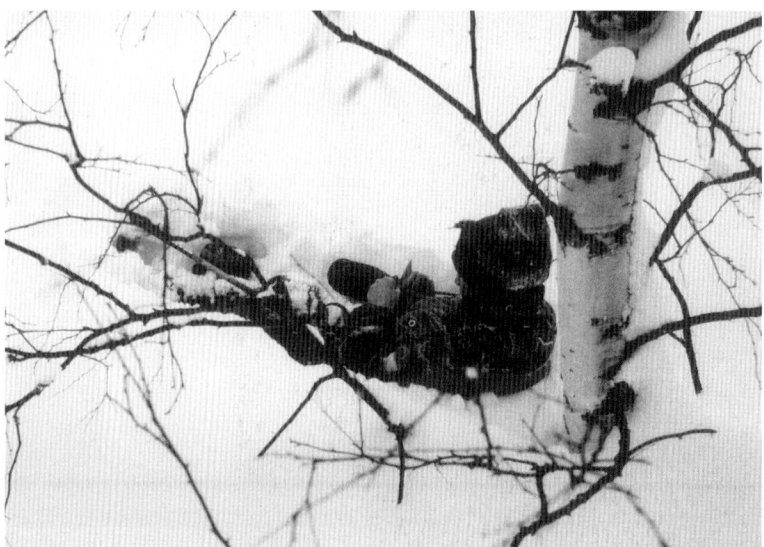

Augen schließen, das Blut pochen hören, Vogelzwitschern, ein Flugzeug …

Geduld, Fingerspitzengefühl und Teamwork helfen auch beim Turmbau

Nach dem Riechen das Schreiben, damit es keiner verlernt

Die Natur einmal mit anderen Sinnen erleben…

3. Ich sehe was, was du nicht siehst

Gruppengröße:
ab 2 Personen

Alter:
ab 5 Jahren

Zeitbedarf:
Zeit unabhängig

wann:
Tag

wo:
überall

Wetter:
am besten trocken

Material:
Pappkarton, Pappröhre,
Messer bzw. Schere

Art der Aktivität:
spielerisch, gemeinsam

Tipp:
eignet sich gut zur Auflockerung, kann auch einfach unterwegs gespielt werden.

Idee:
Die Aufmerksamkeit gezielt auf ausgewählte Objekte in der unmittelbaren Umgebung lenken.

Ausführung:
Als erstes wird in einen Pappkarton ein Sichtfenster geschnitten.
Das Spiel funktioniert im Grunde wie das normale „Ich sehe was, was du nicht siehst". Die Teilnehmer dürfen sich abwechselnd mit ihren „Fernrohren" oder den Pappkartons etwas aus der Umgebung suchen, was die anderen finden müssen. Durch den beschränkten Blickwinkel fallen plötzlich ganz andere Dinge auf, als wenn man sich beim Wandern unterhält und nur ab und zu einen Blick in die Landschaft wirft.

Ich sehe was, was du nicht siehst

4. Kamera

Idee:

Die Aufmerksamkeit gezielt auf ausgewählte Objekte in der unmittelbaren Umgebung lenken.

Ausführung:

a) Am Tag: Die Teilnehmer finden sich zu Paaren. Ein Partner ist der „Fotograf", der andere die Kamera. Zuerst schließt einer die Augen. Der andere sucht sich ein besonders schönes Bild aus. Das kann ein Baumpilz sein, der ganz verschnörkelt an einem Baumstumpf sitzt, das kann ein Panoramablick über die Berge sein oder eine „Nahaufnahme" eines Tannenzapfens. Derjenige, der sich das Bild aussucht, soll den anderen wie eine Kamera auf dieses Bild ausrichten. Auf ein vorher ausgemachtes Zeichen (z.B. am Ohrläppchen zupfen) darf die „Kamera" ganz kurz die Augen öffnen. Diese drei bis fünf Sekunden sind dann sehr überraschend für die „Kamera". Das Ganze kann mit mehreren Bildern wiederholt werden, dann werden die Rollen getauscht.

b) Bei Nacht: Der gleiche Effekt kann erzielt werden, wenn ein Objekt nur ganz kurz mit der Taschenlampe beleuchtet wird. Dafür können die Spieler zuerst mit einer Taschenlampe losgeschickt werden, um sich schöne Bilder zu suchen. Diese können sie sich dann in Paaren gegenseitig zeigen.

Gruppengröße:
ab 2 Personen

Alter:
ab 5 Jahren

Zeitbedarf:
ca. 15 Minuten

wann:
Tag oder Nacht

wo:
überall

Wetter:
egal

Material:
keines, evtl. Taschenlampen

Art der Aktivität:
ruhig, überraschend, gemeinsam

Tipp:
eignet sich gut zur Auflockerung, kann auch einfach unterwegs gespielt werden.

Blind geführt – Klick – der erste Blick – ein Foto

Heißer Tee gegen die Kälte oder noch ein Naturerfahrungsspiel?

Körperabdrücke

Schneespiele müssen situativ angepasst werden

Immer wieder: Schneeballschlacht

5. Ökologisches Gleichgewicht

Gruppengröße:
ab 6 Personen

Alter:
ab 5 Jahren

Zeitbedarf:
ca. 15 Minuten

wann:
egal

wo:
überall, auch drinnen

Wetter:
egal

Material:
lange Schnur

Art der Aktivität:
gemeinsam, lustig

Tipp:
Dieses Spiel kann auch gut zur Verdeutlichung der Beziehungen zwischen Tieren verwendet werden.

Idee:
Ökologische Systeme werden von den verschiedensten Faktoren (biotische und abiotische) beeinflusst. Schon kleine Veränderungen können große Auswirkungen haben, die oft vorher nicht abzuschätzen sind. Durch dieses Spiel werden sie etwas vereinfacht und so besser verständlich.

Ausführung:
Die Teilnehmer bilden einen Kreis. Der Leiter hat ein Knäuel Schnur in der Hand. Er fragt die Teilnehmer nach Pflanzen und Tieren in der Umgebung. Antwortet einer, bekommt er den Anfang der Schnur in die Hand. Dann fragt der Leiter nach einer Pflanze oder einem Tier, das mit der erst genannten Pflanze oder dem erst genannten Tier in irgendeinem Zusammenhang steht. Wieder antwortet einer, dieser bekommt nun einen weiteren Teil der Schnur in die Hand und ist somit mit seinem Vorgänger verbunden. Es sollten auch noch andere Elemente wie Wasser, Erde, Sonne, Luft oder Boden ins Spiel gebracht werden; auch Mensch, Kulturtiere und -pflanzen beeinflussen das Gleichgewicht. So bildet sich langsam ein Netz zwischen den einzelnen Spielern und damit zwischen verschiedenen Bestandteilen der Umgebung.

Aufgabe:
Um zu verdeutlichen, dass alle voneinander abhängen, können nun Eingriffe, wie das Fällen eines Baumes oder eine Epidemie bei den Hasen, einzelne Elemente beeinflussen. Diese Spieler fallen nun nach unten und ziehen dabei kräftig am Netz. Die Ausfälle haben Auswirkungen, z.B. gibt es mehr Büsche, wenn ihnen durch den gefällten Baum nicht mehr das Licht genommen wird. Dadurch sind andere Faktoren betroffen, die dann, je nachdem ob es ihnen dadurch besser oder schlechter geht, nach unten oder oben am Netz ziehen. So kann man zeigen, wie ein Ökosystem aus dem Gleichgewicht gerät.

Vieles ist vernetzt: eine Störung löst weitere aus

6. Riechlabyrinth

Idee:
Verschiedene Gerüche unterscheiden und zuordnen können.

Ausführung:
Kleine Stoffläppchen werden mit verschiedenen ätherischen Ölen getränkt; es können aber auch kleine Säckchen mit stark riechenden Gewürzen hergestellt werden. Diese verteilt man in einem Gebiet oder an einem Weg nach bestimmten Mustern, d.h. alle Läppchen, die nach Thymian riechen, werden in einer Spirale gelegt, alle, die nach Zimt riechen, in einer Zickzackspur o.ä. Die Muster können sich auch überschneiden.

Aufgaben:
a) Die Teilnehmer sollen in möglichst kurzer Zeit herausfinden, welche Gerüche in welche Muster gelegt sind.
b) In einem größeren Gebiet können mit größeren Abständen zwischen den Läppchen auch richtige Spuren gelegt werden, die die Teilnehmer alleine oder in Gruppen verfolgen müssen.
c) Man kann auch natürliche Gegenstände aus der Natur hernehmen, die vorher gesammelt werden müssen. Wenn es zu große Schwierigkeiten mit dem Riechen gibt, kann auch der Tastsinn zu Hilfe genommen werden.

Gruppengröße:
ab 2 Personen

Alter:
ab 5 Jahren

Zeitbedarf:
ca. 30 Minuten

wann:
Tag

wo:
überall

Wetter:
am besten trocken

Material:
kleine (evtl. bunte) Stofffläppchen, ätherische Öle oder Säckchen mit Gewürzen

Art der Aktivität:
spielerisch, konzentriert, sensibilisierend

Tipp:
Die Öle sollten gut riechen und gut unterscheidbar sein.

Mit allen Sinnen: riechst du das Harz?

Viel Schnee und ein Strahlehimmel erleichtern das „Erlebnis Winter"

Idealgelände um die JH Mittenwald

Gleich fallen alle mit geschlossenen Augen nach hinten um

Wintertraum: Buckelwiesen bei Mittenwald

7. Tasten

Gruppengröße:
ab 2 Personen

Alter:
ab 5 Jahren

Zeitbedarf:
ca. 15 Minuten

wann:
Tag

wo:
überall

Wetter:
am besten trocken

Material:
kleine Tüten/Säcke oder ein
Tuch, Augenbinden

Art der Aktivität:
konzentriert, sensibilisierend

Idee:
Verschiedene Gegenstände ertasten und zuordnen können.

Ausführung:
Verschiedene Gegenstände aus der Natur werden in Tüten oder Säckchen gegeben. Sie können auch auf einem Tuch oder Tisch ausgebreitet werden. Dann müssen den Teilnehmern allerdings die Augen verbunden werden.

Aufgaben:
a) Die Spieler sollen nacheinander die Gegenstände in den Säcken oder auf dem Tuch/Tisch nur durch Tasten erkennen.
b) Alle Gegenstände können an einer Schnur zwischen Bäumen hintereinander aufgehängt werden.
c) Die Gegenstände können mit dem Fuß ertastet werden.
d) Nach dem Tasten können die Spieler, bevor sie die Gegenstände gesehen haben, Bilder davon malen.
e) Jeder Teilnehmer stellt in einem Pappkartondeckel eine kleine Landschaft aus Naturmaterialien her. Mit geschlossenen Augen ertasten die Teilnehmer diese gegenseitig.

Zwischen den Fingern krümeln ...

1. Baumphantasie

Idee:
Dieses Spiel kann die Sinne aufmerksam und wach für
Wald und Bäume machen.

Ausführung:
Der Leiter sollte sich den neben stehenden Text vorab durchlesen
und ggf. eine passende Begleitmusik heraussuchen
(vgl. Baustein Entspannung).
Die Teilnehmer verteilen sich um den Leiter, so dass sie ihn
noch gut hören können, sich aber nicht zu nahe sind. Sie setzen
oder legen sich mit geeigneten Unterlagen (Isomatte, Schlitten)
auf den Boden, schließen die Augen und versuchen sich zu
entspannen. Der Leiter erzählt oder liest nun ein Jahr aus der
Lebensgeschichte eines Baumes.
Mit Anweisungen wie „die Arme wie Äste hochhalten und im
Wind bewegen" können die Teilnehmer mit einbezogen werden.

Gruppengröße:
ab 2 Personen

Alter:
ab 5 Jahren

Zeitbedarf:
ca. 20 – 30 Minuten

wann:
Tag, Nacht

wo:
drinnen und draußen

Wetter:
trocken

Material:
Isomatte, Schlitten,
evtl. Kassettenrecorder und
Musik

Art der Aktivität:
ruhig, meditativ

Tipp:
Wenn man die Geschichte
schon kennt und je nach
Gelegenheit abändern kann,
fällt es den Teilnehmern
leichter, sich einzufühlen.

Da liegen die Engel

Die 'Brotzeit' kann auch im Freien zum Augenschmaus werden

Spielvorgaben schaffen Spannung und geben Ziele vor

Die Kälte als Feind von Mensch und Tier

Phantastische Formen

2. Einem Baum begegnen

Gruppengröße:
ab 2 Personen

Alter:
ab 5 Jahren

Zeitbedarf:
ca. 20 – 30 Minuten

wann:
Tag

wo:
Wald, Waldrand

Wetter:
trocken

Material:
Augenbinden

Art der Aktivität:
sensibilisierend, gemeinsam

Tipp:
• Der Führer muss den Weg für den Blinden sehr sorgsam aussuchen!
• Auf Äste in Augenhöhe achten!

Idee:
Mit diesem Spiel kann ein Bezug zu Bäumen hergestellt und Wissen vermittelt werden.

Ausführung:
Die Teilnehmer bilden Paare. Einem der beiden Partner werden die Augen verbunden, der andere sucht sich einen Baum aus und führt den „Blinden" dorthin. Der Weg zwischen Ausgangspunkt und Baum sollte ca. 20m betragen. Der „Blinde" muss nun „seinen" Baum durch Fühlen und Riechen kennenlernen. Kennt er ihn gut genug, führt der andere ihn wieder zum Ausgangspunkt. Nun werden die Rollen getauscht, so dass der Führer einen „eigenen" Baum erfahren kann.

Aufgaben:
• Wenn alle fertig sind, kann jeder versuchen, „seinen" Baum mit offenen Augen wiederzufinden, wobei der jeweilige Führer natürlich helfen darf.
• Man kann den Teilnehmern zusätzlich einige Fragen stellen, damit sie „ihren" Baum gezielter untersuchen und ihn sich dadurch besser merken können: „Wie dick ist der Baum?", „Was für eine Rinde hat er, ist sie glatt, narbig, rauh...?

Mein Baum

3. Stammes-Bilder

Idee:
Mit diesem Spiel kann der Bezug zu Bäumen vertieft und Wissen vermittelt werden.

Ausführung:
Jeder Teilnehmer bekommt ein oder mehrere Blatt Papier und Wachsmalkreiden. Nun sollen alle losziehen und verschiedene Baumrinden „abpausen", d.h. sie sollen die Rinden-Strukturen mit den Stiften auf das Papier durchdrücken. Dabei entstehen oft sehr schöne Bilder und die Teilnehmer entdecken viele Einzelheiten an einem Baumstamm, wie z.B. Spuren von Borkenkäfern. Hinterher können die Kunstwerke ausgestellt werden.

Gruppengröße:
ab 1 Person

Alter:
ab 5 Jahren

Zeitbedarf:
ca. 20 – 30 Minuten

wann:
Tag

wo:
Wald, Waldrand

Wetter:
trocken

Material:
Papier, Wachsmalkreiden, (evtl. Bestimmungsbuch)

Art der Aktivität:
Ruhig, phantasievoll

Tipp:
Zur Vertiefung könnte man den ausgewählten Baum bestimmen.

4. Spiegelgang

Idee:
Den Wald aus einer neuen Sichtweise erleben.

Ausführung:
Der Leiter sollte vorher einen gut geeigneten Weg aussuchen.
Jeder Teilnehmer erhält einen Spiegel. Alle stellen sich in einer Reihe hintereinander auf. Eine Hand legen sie auf die Schulter des Vordermanns. Der Spiegel wird nun waagerecht unter die Nase gehalten, so dass man nur die Kronenwelt sehen kann. Haben sich die Spieler daran ein wenig gewöhnt, können sie ihn auch mal schräg oder seitlich halten und mit den verschiedenen Blickwinkeln experimentieren. An die Spitze der Schlange stellt sich der Leiter, der die Teilnehmer langsam einen interessanten Weg entlang führt.

Gruppengröße:
ab 1 Person

Alter:
ab 5 Jahren

Zeitbedarf:
ca. 15 Minuten

wann:
Tag

wo:
Wald

Wetter:
trocken

Material:
Taschenspiegel

Art der Aktivität:
faszinierend, gemeinsam

Tipp:
Den Weg möglichst einfach wählen, damit die Teilnehmer nicht stolpern.

5. Knospenbestimmung

Idee:
Den Blick für die unterschiedliche Form und Gestalt von Knospen schärfen.

Ausführung:
Der Leiter sucht ein geeignetes Gelände mit verschiedenen Baum- und Straucharten. Die Teilnehmer werden ggf. in Kleingruppen aufgeteilt und sollen in einem überschaubaren Gebiet die Knospen an den Bäumen und Sträuchern betrachten.

Aufgaben:
• Die Teilnehmer sollen die unterschiedlichen Knospenanordnungen herausfinden und beschreiben.
• Anschließend sollen die Knospen drei Hauptgruppen zugeteilt werden: gegenständig, wechselständig, zweizeilig (vgl. Anlage)
• Als Abschluss sollte die Baumart benannt werden.

Gruppengröße:
ab 2 Personen

Alter:
ab 10 Jahren

Zeitbedarf:
ca. 30 – 60 Minuten

wann:
Tag

wo:
Gelände mit Baum- und Straucharten

Wetter:
trocken

Material:
Arbeitsblätter zur Knospenbestimmung

Art der Aktivität:
ruhig, vergleichend, beobachtend

Tipp:
Zeit geben und Zeit lassen! Das Lernen von Baumarten steht an zweiter Stelle.

Knospenbestimmung

gegenständig	wechselständig	zweizeilig
Holunder	Weide	Rotbuche
Bergahorn	Vogelbeere	Hainbuche
Esche	Zitterpappel	Linde
Spitzahorn	Roterle	
Kastanie	Eiche	
	Birke	

Knospen-bestimmung

6. Nadelbäume erfühlen

Gruppengröße:
ab 2 Personen

Alter:
ab 6 Jahren

Zeitbedarf:
ca. 30 Minuten

wann:
Tag

wo:
Wald, Waldrand oder drinnen

Wetter:
trocken

Material:
Augenbinden, ggf. vorher ver-
sch. Nadelzweige sammeln

Art der Aktivität:
ruhig, erforschend

Tipp:
Eignet sich für den Einsatz bei
einer Ökorallye.

Idee:
Nadelbäume durch Fühlen und Riechen an den Zweigen erkennen und
unterscheiden.

Ausführung:
Die Teilnehmer gehen paarweise zusammen. Einem werden die Augen
verbunden und verschiedene Nadelbaumzweige gegeben bzw. er wird
zu verschiedenen Bäumen geführt. Die Unterschiede zwischen den
Zweigen sollen blind erfühlt und beschrieben werden. Gegebenenfalls
können die Zapfen bzw. der Geruchssinn (v.a. bei der Douglasie) mit
einbezogen werden. Abschließend wird die Baumart bestimmt.

Beschreibungen für verschiedene Nadeln:
• Fichte: kurz und spitz
• Kiefer: lang und spitz, zweinadelig
• Tanne: strohig, nicht stechend, stumpf, zweizeilig
• Lärche: sehr weich, büschelige Anordnung der Nadeln
• Douglasie: weich, riecht nach Zitrone

1. Alpenzoo

Idee:
Lustiges Spiel zur Auflockerung oder als Einleitung.

Ausführung:
Der Leiter sagt jedem Teilnehmer ein Tier ins Ohr, das dieser geheimhalten soll. Bis auf zwei oder drei Spielern sagt er allen das gleiche Tier. So gibt es z.B. zwei Murmeltiere und einen Luchs in der Gruppe. Alle anderen sind Birkhühner. Die Teilnehmer sollen sich in einem Kreis aufstellen und sich bei den Nachbarn gut unterhaken. Nun erklärt der Leiter ihnen, dass immer das Tier, das aufgerufen wird, die Beine anhocken soll und von den Nachbarn gehalten werden muss. Dann stellen sie sich wieder hin und er ruft ein anderes Tier auf. Zunächst sollte der Leiter die seltenen Tiere, z.B. das Murmeltier oder den Luchs, aufrufen. Der Rest der Mitspieler schöpft so Vertrauen, dass er von den anderen gehalten wird. Wenn jetzt das häufige Tier, also das Birkhuhn, aufgerufen wird, versuchen fast alle die Beine anzuhocken. Sie werden aber von den wenigen Mitspielern nicht gehalten und so purzeln alle durch die Gegend.

Gruppengröße:
ab 10 Personen

Alter:
ab 5 Jahren

Zeitbedarf:
ca. 10 Minuten

wann:
Tag

wo:
weicher Untergrund oder tiefer Schnee, da sonst die Verletzungsgefahr zu groß ist!

Wetter:
egal

Material:
keines

Art der Aktivität:
bewegt, lustig

Tipp:
Eignet sich sehr gut als Einleitung und zur Auflockerung.

2. Arche Noah

Gruppengröße:
ab 8 Personen

Alter:
ab 5 Jahren

Zeitbedarf:
ca. 15 Minuten

wann:
egal

wo:
überall, auch drinnen

Wetter:
egal

Material:
Karten

Art der Aktivität:
spielerisch, lustig

Tipp:
Eignet sich gut zur Einteilung
von Spielpaaren.

Idee:

Lustiges Spiel zur Auflockerung, bei dem Tiere mit Hilfe von Geräuschen und Gesten imitiert werden sollen.

Ausführung:

Der Leiter bereitet Karten vor, auf die er Tiernamen schreibt. Jedes Tier kommt zweimal vor. Jeder Spieler bekommt eine Karte. Das darauf stehende Tier soll er imitieren, um sich damit demjenigen zu erkennen zu geben, der auch eine Karte mit diesem Tier erhalten hat. Auf diese Weise finden sich die Paare, die dann gemeinsam in der Arche Noah überleben und die Art erhalten.

3. Flucht

Idee:

Werden Tiere im Winter zu häufig gestört, verbrauchen sie bei der Flucht wesentlich mehr Energie als im Normalfall. Geschieht das öfters, können sie ihren Energiebedarf nicht mehr decken und die so geschwächten Tiere sterben.

Ausführung:

Die Teilnehmer stellen sich vor, sie wären ein Rudel von Fluchttieren, also z.B. Gemsen oder Rehe. Sie verteilen sich auf einer vorher festgelegten Fläche und „äsen". Sie sind ganz ruhig und bewegen sich nur wenig. Plötzlich kommt Gefahr, z.B. ein Luchs wird gesichtet oder ein Wanderer kommt zu nah, was der Leiter durch lautes Rufen oder Pfeifen mit der Trillerpfeife darstellt. Die Tiere werden dadurch aufgeschreckt und müssen ins nächstgelegene Waldstück (ein vorher festgelegter Ort) fliehen. Einige Sekunden später trauen sie sich wieder hervor, äsen in Ruhe, bis sie aufgeschreckt werden und erneut fliehen. Die Intervalle, in denen sie Ruhe haben, können immer kürzer werden. Wenn die ersten Erschöpfungserscheinungen auftreten, kann das Spiel beendet werden. Um den Spielern die Anstrengung noch deutlicher zu machen, kann vor und nach dem Spiel der Puls gemessen werden.

Gruppengröße:
ab 5 Personen

Alter:
ab 5 Jahren

Zeitbedarf:
ca. 15 Minuten

wann:
Tag

wo:
am besten freie Fläche am Waldrand

Wetter:
trocken

Material:
Stoppuhr, Trillerpfeife

Art der Aktivität:
bewegt, anschaulich

Fliehen strengt auch Jugendliche an

4. Frostschutz

Gruppengröße:
ab 3 Personen

Alter:
ab 5 Jahren

Zeitbedarf:
ca. 30 Minuten

wann:
Tag

wo:
überall

Wetter:
trocken, kalt

Material:
Tauchthermometer,
(Film-)Dosen, Thermoskanne,
Uhr, Isoliermaterial (Säge-
späne, Schafwolle, Kork,
Isofloc, ...)

Art der Aktivität:
ruhig, anschaulich

Tipp:
• Die Spieler genau darauf
  hinweisen, dass sie die Film-
  dose nicht in ihrer Hand
  wärmen dürfen.
• Eignet sich gut als Pause
  während einer Schnee-
  schuhwanderung

Idee:
Tiere treffen für den Winter unterschiedliche Vorkehrungen.
Warmblüter schützen sich beispielsweise mit einem Winterpelz,
graben sich Höhlen, halten Winterschlaf oder haben noch andere
Strategien. Welcher Schutz ist der beste?

Ausführung:
Heißes Wasser muss noch in der Unterkunft in eine Thermoskanne
abgefüllt werden, wenn es auf eine Wanderung mitgenommen werden
soll. An einer geeigneten Stelle bekommt jeder Teilnehmer ein kleines (Film-)Döschen, das mit heißem Wasser aus einer Thermoskanne
gefüllt wird. Die Anfangstemperatur sollte gemessen werden.

Aufgaben:
• Jeder soll für sein Döschen ein Versteck suchen, in dem möglichst
  wenig Wärme entweicht.
• Eine Dose wird zum Vergleich frei hingestellt.
• Nach einiger Zeit (je nach Außentemperatur 10 – 20 Minuten) holen
  die Spieler ihre Dosen wieder hervor und messen die Temperatur.
  So sieht man sehr gut, wie die Wärme am besten gehalten werden
  kann.
• Falls vorhanden kann man den Mitspielern verschiedene Isoliermate-
  rialien (z.B. Sägespäne, Kork, ...) zum „Verpacken" anbieten.

Wer hat die Temperatur am besten konserviert?

5. Fuchs und Hase

Idee:
In einer Räuber-Beute-Beziehung (hier bei Füchsen und Hasen) stellt sich immer wieder ein Gleichgewicht ein, das nur durch äußere Faktoren, wie z.B. dem Nahrungsangebot für die Beutetiere, reguliert wird.

Ausführung:
Als Spielareal dient ein Gebiet von ca. 15 m², das mit Seilen gut gekennzeichnet werden muss.
Zwei bis drei Spieler sind die Füchse, die restlichen sind Hasen. Alle schließen die Augen oder lassen sich die Augen verbinden. Sie verteilen sich im Gebiet und fangen an, mit vorgestreckten Händen umherzulaufen. Begegnen sie einem Mitspieler, sagen sie ihm, was sie sind.

Aufgaben:
• Trifft ein Hase auf einen Hasen, passiert nichts.
• Trifft ein Fuchs auf einen Hasen, wird der Hase zu einem Fuchs.
• Treffen zwei Füchse aufeinander, so werden sie beide zu Hasen.
• In regelmäßigen Abständen (z.B. alle 5 Min.) sollte man nachzählen und sich notieren, wie viele Füchse und wie viele Hasen momentan im Spiel sind. Man wird feststellen, dass weder die Füchse noch die Hasen aussterben, sondern dass sich ein Gleichgewicht immer wieder einstellt.

Gruppengröße:
ab 10 Personen

Alter:
ab 5 Jahren

Zeitbedarf:
ca. 30 Minuten

wann:
egal

wo:
überall, auch drinnen

Wetter:
egal

Material:
Seil, Augenbinden

Art der Aktivität:
spielerisch, ruhig, anschaulich

Räuber-Beute-Spiel

6. Katz und Maus

Gruppengröße:
ab 11 Personen

Alter:
ab 5 Jahren

Zeitbedarf:
ca. 15 Minuten

wann:
Tag

wo:
überall, auch drinnen

Wetter:
egal

Material:
keines

Art der Aktivität:
spielerisch, bewegt

Tipp:
Dauert das Spiel zu lange, kann man eine zweite Katze bestimmen.

Idee:

Dieses Spiel veranschaulicht besonders gut den Energieverlust, der sich ergibt, wenn Tiere (z.B. Rehe) im Winter flüchten müssen.

Ausführung:

Die Teilnehmer stellen sich in mehreren Reihen neben- und hintereinander auf. Es sollen nebeneinander genauso viele Spieler stehen, wie hintereinander. Die Spieler strecken die Arme seitwärts aus und rutschen so weit auseinander, bis sie sich nur noch mit den Fingerspitzen berühren. Als nächstes drehen sie sich um neunzig Grad und strecken wieder ihre Arme aus. Auf diese Weise entsteht ein Quadrat mit Längs- bzw., wenn die Spieler sich drehen, mit Querreihen.

Ein Teilnehmer spielt eine Maus, ein anderer eine Katze. Die Katze jagt die Maus. Dabei dürfen sie sich immer nur in den Reihen bewegen. Wenn die Maus „Jetzt!" ruft, drehen sich die anderen Spieler um neunzig Grad. Dadurch ändern sich die Reihen und die Katze kommt vielleicht nicht mehr durch. So kann die Maus durch geschicktes Lenken die Katze an der Nase herumführen.

7. Lustiges Tiere raten I

Idee:

Erweiterung der Artenkenntnis und Vermittlung von Wissen in spielerischer Art.

Ausführung:

Zuerst sucht man sich vier Tiere aus. Die typischen Merkmale (siehe Schneehase und Alpendohle) schreibt man auf, schneidet diese aus und klebt je ein Merkmal auf ein kleines Kärtchen. Für jedes Tier muss es die gleiche Anzahl von Karten geben: Nach dem Mischen werden an jeden Spieler eine oder zwei Karten verteilt.

Aufgabe:

- Ziel des Spiels ist es, alle Tiere zu erraten und alle Karten, die ein Tier beschreiben, zusammenzubekommen.
- Damit alle Teilnehmer gleichzeitig beginnen können, wird ein Startsignal geben.
- Die Spieler rufen laut die Namen der Tiere, die ihrer Meinung nach auf den Karten beschrieben sind. Auf einer Karte könnte das „Ich habe Schneeschuhe in Form von dichter Behaarung an den Sohlen" stehen. Der Spieler denkt, dass er vielleicht ein Schneehuhn ist und ruft „Schneehuhn", doch kommen einige Spieler beim „Schneehasen" zusammen. Der Spieler schaut noch einmal auf seine Karte und…
- Die Karten eines Tieres werden bei einem Spieler gesammelt. Sind alle Tiere identifiziert und alle Hinweiskarten beisammen, liest jede Gruppe zwei oder drei der interessantesten Hinweise vor.

Gruppengröße:
ab 8 Personen

Alter:
ab 10 Jahren

Zeitbedarf:
ca. 15 Minuten

wann:
egal

wo:
überall, auch drinnen

Wetter:
egal

Material:
evtl. Bestimmungsbücher

Art der Aktivität:
lustig, informierend

Tipp:
Den Spielern kann ggf. die Möglichkeit gegeben werden, sich in einem Bestimmungsbuch o.ä. zu informieren.

Wo ist mein Partner?

8. Lustiges Tiere raten II

Gruppengröße:
ab 8 Personen

Alter:
ab 8 Jahren

Zeitbedarf:
ca. 15 Minuten

wann:
egal

wo:
überall, auch drinnen

Wetter:
egal

Material:
Farbpostkarten oder Karteikarten und Stift, Wäsche-
klammern bzw. Tesafilm

Art der Aktivität:
lustig, informierend,
spielerisch, gemeinsam

Idee:
Erweiterung der Artenkenntnis und Vermittlung von Wissen in spielerischer Form.

Ausführung:
Für dieses Spiel benötigt man Farbpostkarten bzw. Karteikarten, auf
die man die Namen der zu erratenden Tiere schreibt.
Für jeden Spieler muss eine Tierkarte vorhanden sein. Der Leiter heftet
jedem Teilnehmer eine Karte hinten an die Jacke oder den Pullover,
so dass dieser nicht erkennen kann, welches Tier er ist. In Paaren
fragen sich die Spieler nun gegenseitig nach Eigenschaften (z.B.
„Bin ich ein Säugetier?", „Wieviel Beine habe ich?", „Besitze ich einen
Schnabel?", ...). Der Partner darf nur mit Ja oder Nein antworten.

Schneehase, Dohle, Birkhuhn, Wiesel...

	Schneehase	Alpendohle
1	Ich habe Schneeschuhe in Form von dichter Behaarung an den Sohlen und bin ein echtes Eiszeitrelikt. Ich habe etwas kürzere Ohren als meine Verwandten, damit sie weniger Wärme abgeben.	Ich bin ein brillanter Flieger mit der Spezialität Sturzflüge. Mit meinen Freunden fliege ich gerne im Verband von einem Dutzend und mehr Tieren.
2	Meine Farbe ist eine Tarnung vor Feinden. Im Winter bin ich weiß mit schwarzen Ohrenspitzen. Im Sommer bin ich hell-wildfarben. Meine Beine bleiben beim Farbwechsel am längsten weiß. Mein Schwanz bleibt immer ganz weiß.	Mit meinen Artgenossen trete ich gesellig und ziemlich lärmend auf. Auch beim Brüten sind wir gesellig, als Felsspalten- und Gesteinsnischenbrüter bevorzugen wir Felsen oberhalb der Krummholzregion.
3	Ich bin vor allem nachts aktiv und lebe vorwiegend im Bereich des Krummholzgürtels, im Winter eher im oberen Nadelwaldgürtel. In der Regel zweimal im Jahr bekomme ich 2 – 5 Junge, die schon nach 10 Tagen beginnen, sich selbst zu ernähren.	Ich gehöre zu den Rabenvögeln. Ich habe rote Beine, schwarze Zehennägel und einen gelben Schnabel. Meine Verwandte ist rotschnabelig und viel seltener.
4	Meine Nahrung besteht aus Gräsern, Kräutern und Knospen, außerdem knabbere ich auch an Rinde und Trieben. Ich wiege zwischen 2 und 3,5 kg.	Im Alpenraum bin ich zum Kulturfolger geworden und fresse auch Abfälle. Ich komme aber auch an den steilen Küstenfelsen im östlichen Mittelmeergebiet vor.
5	Mein Lager ist eine flache Mulde zwischen Steinen und Wurzeln, oder unter Felsen. Im Winter lebe ich auch unterm Schnee.	Wenn ich nicht das fresse, was die Menschen wegwerfen, dann ernähre ich mich von Insekten, Würmern, Schnecken oder Beeren.
6	Ich bin nachts und im Dämmerlicht wach, aber manchmal auch tags aktiv. Man kennt mich als hoppelnden Vierbeiner, aber ich kann auch gut schwimmen und tauchen.	Meine Stimme dürfte allen Bergwanderern bekannt sein, da ich mich oft auf gut besuchten Berggipfeln aufhalte. Ich lasse entweder ein helles „skri" oder ein pfeifendes „tschjup" hören.

9. Spurensuche

Gruppengröße:
ab 2 Personen

Alter:
ab 8 Jahren

Zeitbedarf:
je nach Gebiet ca. 30 Minuten

wann:
Tag

wo:
möglichst abwechslungsreiches Gelände, z.B. Waldrand

Wetter:
trocken

Material:
Bestimmungsbuch,
Bestimmungsschlüssel

Art der Aktivität:
Ruhig, forschend

Tipp:
Um ein Erfolgserlebnis zu garantieren könnte der Leiter das Gelände schon vorher mit mitgebrachten Spuren (z.B. angefressene Zapfen) präparieren.

Idee:
Tierspuren sind unterschiedlichster Natur: Kot, Pelzhaare, Federn, Fraßspuren, Pfade und Fährten. Wird man auf solche Hinweise aufmerksam, kann man auch das dazugehörige Tier leichter entdecken.

Ausführung:
In einem abwechslungsreichen Gebiet sollte der Spielleiter vorher prüfen, welche Tierspuren zu finden sind. Dem entsprechend fällt es leichter die Aufgaben und den Bestimmungsschlüssel entsprechend vorzubereiten.

Aufgabe:
Die Teilnehmer sollen Tierspuren suchen. Man sollte darauf aufmerksam machen, dass auch Kot, Fraßspuren o.ä. auf bestimmte Tiere hinweisen.
Die Teilnehmer können auch in Gruppen aufgeteilt werden, die bestimmte Suchaufträge bekommen, z.B. Fraßspuren an Bäumen und Holz, Kotspuren oder Fährten. Für die jeweilige Aufgabe wäre ein Bestimmungsschlüssel von Vorteil.

Unentbehrliches Hilfsmittel, um der Natur auf die Spur zu kommen

10. Wärmeschnecke

Idee:
Dieses Spiel ist besonders geeignet, wenn es kalt ist und einige Spieler frieren.

Ausführung:
Die Teilnehmer fassen sich an den Händen und bilden eine lange Schlange. Ein Ende dieser Schlange bleibt stehen, die anderen gehen um diesen Punkt herum und wickeln sich so langsam um den in der Mitte Stehenden herum auf. Nach einigen Minuten wird die Schnecke wieder auseinandergerollt. Es sollte dann noch mal in die andere Richtung aufgewickelt werden, damit auch die, die bei der ersten Schnecke außen standen, warm werden.

Gruppengröße:
ab 10 Personen

Alter:
ab 5 Jahren

Zeitbedarf:
einige Minuten

wann:
Tag

wo:
überall im Freien

Wetter:
kalt

Material:
keines

Art der Aktivität:
aufwärmend, belebend

Auf Tuchfühlung: hält warm und macht Spaß

11. Fledermaus und Nachtfalter

Gruppengröße:
ab 10 Personen

Alter:
ab 5 Jahren

Zeitbedarf:
ca. 15 Minuten

wann:
Tag

wo:
überall, auch drinnen

Wetter:
egal

Material:
eine Augenbinde

Art der Aktivität:
aktiv, konzentriert

Idee:
Die Mitspieler sollen sich wie die Fledermäuse nur auf ihr Gehör verlassen.

Ausführung:
Die Spieler bilden einen Kreis von ca. 5 Metern Durchmesser. Sie sollen sich dabei an den Händen halten. Ein Spieler ist die Fledermaus. Ihm werden die Augen verbunden und er kommt in die Mitte. Ein oder mehrere weitere Spieler sind die Nachtfalter, sie kommen auch in die Mitte, dürfen aber sehen. Nun muss die Fledermaus die Nachtfalter fangen. Dabei müssen die Nachtfalter auf jeden ausgesendeten Ruf „piep" der Fledermaus mit „puup" antworten – wie beim Ultraschallruf der „echten" Fledermaus. Statt „piep" und „puup" können die Spieler auch klatschen: Klatscht die Fledermaus, muss der Nachtfalter auch klatschen. So kann sich die Fledermaus gut orientieren. Wenn die Fledermaus einen Nachtfalter gefangen hat, wird durchgewechselt.

Baustein
Spielaktionen

Partner- und Gruppenarbeit herrschen vor, …

… doch kann ein engagierter Gruppenleiter entscheidend motivieren

Am Ende einer Rallye: Sackhüpfen ohne Verletzungsgefahr

Spielerisches lernen: wie rasch kühlt eine Flüssigkeit ab?

Spielaktionen mit Rahmengeschichte

Der Gruppe wird eine **Rahmengeschichte** vorgegeben, die abenteuerliches Erleben erwarten lässt, die die Phantasie anregt, die aber in ihren Handlungsmustern allgemein bekannt ist. Die Mitspieler sind also in der Lage, wie in einem Stegreifspiel ihre Rollen immer dann selbst zu füllen, wenn keine Rollenanweisung existiert oder die Phantasie sich Freiraum sucht.

Sie sollte aber auch eine klare, die Gruppenmoral stärkende Zielsetzung enthalten. Wer Yetis fängt oder den Nordpol erobern möchte, weiß was er will und hat jederzeit ein Kriterium, was zweckmäßig ist und was nicht.

Der günstigste **Zeitpunkt** für solche Spielaktionen ist das Ende einer Freizeitwoche, nachdem Vieles neu gelernt wurde, was jetzt anwendbar ist. Zudem steht genügend Vorbereitungszeit zur Verfügung, die für große Spielaktionen gebraucht wird.

Der **Spielleiter**, einer der Leiter, übernimmt eine neue Rolle, d.h. er verkleidet sich, ändert seine Stimme und führt in die Geschichte ein. Da es in der Aktion mehrere Stationen mit unterschiedlichen Rollen gibt, ist es von Vorteil oder unumgänglich, mehrere Spielleiter einzusetzen.

Bei der **Planung** der Aktion wird darauf geachtet, das ein Wechsel von Ruhe und Bewegung, von Einzel- und Gruppenaufgaben, von verbaler und nonverbaler Kommunikation stattfindet.

Die **Spiele** werden an die Rahmengeschichte angepasst und ggf. umbenannt.

Während der **Einstieg** ein spannender Auftakt sein sollte, empfiehlt sich als Ende ein klarer, das Wir-Gefühl betonender **Schluss**.

Himalaya – eine abenteuerliche Spielaktion

Idee:

Im Spiel eine Expedition mit Bergbesteigung erleben. Die Rahmengeschichte suggeriert eine in Wahrheit mögliche Situation: eine Gruppe
von Bergsteigern sucht den Weg zum Gipfel, muss dabei eine Reihe
von Problemen lösen und hat zusätzlich Forschungsaufträge zu erfüllen.
Und obwohl allen das Fiktionale der Situation bewusst ist, lassen sie
sich auf das Spiel spätestens dann ein, wenn durch die reale Bergbesteigung ihr Wissen und Können gefordert wird.

Ausführung:

In einem Brief werden die Schüler namentlich aufgefordert, sich an
einer Expedition ins Himalaya-Gebirge zu beteiligen. Die Route, die sie
zu gehen haben, ist grob vorgegeben; die Forschungsaufträge sind
ebenfalls bekannt. Sogar eine Packliste wird der Gruppe vorgegeben.
Von den durch die Spielleitung geplanten „Einlagen" wissen sie aber
nichts.

Material/Ausrüstung:

- Einladungsbrief an Expedi-
  tionsteilnehmer
- Kartenausschnitt mit ver-
  änderten Daten
- Liste der zu vergebenden
  Rollen
- Seile
- Biwaksäcke
- Sitzgurte
- Karabiner
- Lawinenschaufeln
- Fernglas
- Fotoapparat
- Schneeschuhe
- Skistöcke
- Rucksäcke
- Bestimmungskarten für Tier-
  spuren und Baumknospen
- Schreibzeug
- LKW-Plane oder Zahnpasta-
  folie oder Müllsäcke
- Selbst gestaltete Fahne
- Brotzeit
- Tourenbekleidung, vor allem
  feste Schuhe
- Handy für Notfälle

Zeitbedarf:

Für die Vorbereitung 3 Std.,
für die Durchführung ein
ganzer Tag.

Alter:

ab 12 Jahre

Gelände:

Abwechslungsreiche,
technisch eher leichte Berg-
tour mit 600 – 800 m Anstieg.

Expedition mit Bergbesteigung

„Seilschaft in Aktion"

„Klassenzimmer im Freien"?

Wer zwischen die Pfosten trifft, sammelt Punkte

Der Tastsinn kann die Augen ersetzen

Aufgaben:

a. Der Spielleiter, der auch der Leiter der Expedition ist, verteilt mindestens einen Tag vor Aufbruch einen Brief, in dem steht, dass der Lesende als Teilnehmer für die Expedition ausgesucht worden ist. Auf einer beiliegenden Karte (die eine möglichst genaue Karte des Aufenthaltsortes ist, in der aber die Ortsbezeichnungen des zu besteigenden Berges verändert wurden; also statt „Kreuzkogel" liest man „Shamalgang", statt 1793 m steht dann 6734 m, usw.) ist der grobe Anstiegsverlauf eingezeichnet. Auf einer Packliste stehen wichtige Gruppen-Ausrüstungsgegenstände vermerkt, nicht aber die individuellen Gegenstände.

b. Der Expeditionsleiter stellt sich z.B. als Reinhold Messner vor und leitet eine gemeinsame Planungsbesprechung. Auf dieser werden die Ziele des Unternehmens vorgestellt und einzelne Rollen verteilt. Wo ist das Ziel, welche Hindernisse und Schwierigkeiten sind zu überwinden?
Wer ist der Expeditionsarzt, wer der Materialwart, wer der Kartograf, wer der Protokollführer, wer der Wissenschaftler und wer der Fotograf?

c. Die Gruppe erstellt eine Ausrüstungsliste und leiht sich fehlende Teile in der Jugendherberge aus oder erhält sie von der Expeditionsleitung. Die Gemeinschaftsausrüstung wird auf alle gleichmäßig verteilt, die Rucksäcke werden vorgepackt.

d. Wenn an einen Ausgangsort gefahren werden muss, dann bildet dies die Fahrt zum Flughafen. Wenn es die Spiellaune erlaubt, kann sogar der Start des Flugzeugs samt Geräuschen simuliert werden. In Zweierreihen aufgestellt fliegen alle los. ...

e. Vor dem Abmarsch mit Schneeschuhen werden die Rucksäcke gewogen und im Protokollbuch vermerkt. Eine Gruppe aus drei besonders leistungsfähigen Bergsteigern übernimmt im Wechsel die Spurarbeit.

f. Der Anstieg ist in der Karte so vorgezeichnet, dass interessante und schwierige Teilstücke sich abwechseln. Das Überqueren oder Verfolgen von Bachbetten mit Stufen kann recht anspruchsvoll sein. Damit die Nachfolgenden gesichert sind, müssen immer wieder Seilgeländer angebracht werden oder Übergänge aufgeschüttet werden.

Aufstieg zum Shamalgang, Himalaya

g. Irgendwann wird das geplante, in der Karte verzeichnete Zwischenlager „Silbersattel" unter einer großen Schneeverwehung erreicht.
Die Gruppe weiß, dass es in Schneehöhlen wärmer und gemüt-
licher als in Zelten ist und baut daher eine große Höhle mit Vorbau,
über den sich eine Zeltbahn spannen lässt.

h. Vom Zwischenlager aus werden die Forschungsaufträge erfüllt.
Z.B. werden mit Hilfe eines Bestimmungsbuches die Knospen und
Nadeln von Bäumen und Sträucher identifiziert und mit ihrem
lateinischen Namen festgehalten. Einzelproben werden eingepackt
und mitgenommen.
Auch die angetroffenen Tierspuren müssen bestimmt werden, indem
sie fotografiert, vermessen und abgezeichnet werden.

i. Der Kartograf fertigt während des Aufstiegs eine Kartenskizze an,
indem er Höhenunterschiede und zurückgelegte Distanzen misst.
Dazu zeichnet er markante Geländeformen in seine Skizze ein.

Kunstwerk aus Schnee: leicht formbar und vergänglich

122

Robuste Sitzmöbel eignen sich besonders gut für Schneeschreiner

k. Da der Weiterweg über gefährliche Gletscherspalten führt, muss am Seil gegangen werden. Dabei können bis zu acht Bergsteiger an ein Seil. Um Material zu sparen, kann auch behelfsmäßig angeseilt werden.

Um mit den mitgeführten Rutschgeräten auf dem Abstieg schneller zu sein, wird bei tiefem Schnee in Teilstücken eine Abfahrtsspur vorbereitet, indem in Falllinie angestiegen wird. Durch die Schneeschuhe entsteht ein gut fahrbarer Kanal.

l. Auf dem Gipfel angekommen wird nicht nur gerastet, gegessen und ein Mannschaftsfoto gemacht, sondern es wird eine selbst hergestellte Fahne gehisst. Zuvor ist allerdings ein Schneeturm zu bauen, auf dem diese befestigt werden kann.

m. Der Abstieg sollte rasch gehen, denn die einbrechende Nacht treibt zur Eile. Reicht die Zeit, wird auf einem Teilstück gesichert.

n. Schon fast unten angekommen, verletzt sich einer der Leiter. Er muss in einem Biwaksack verschnürt über den Schlusshang geschleift werden.

o. An den Ausgangspunkt zurückgekehrt, wird noch einmal ein Gruppenfoto gemacht. Dabei hängen die Seile noch um die Schulter und alle sind abgekämpft

p. Zu Hause angelangt, steigt eine Siegesfeier, bei der alle Heldentaten gebührend besprochen werden, der Kartograf seine Zeichnungen präsentiert und der Protokollant aus seinem Tagebuch vorliest. Dazu gibt es natürlich Leckeres zu essen und zu trinken.

Eskimo-Dorf

Spielidee:
Eine Schulklasse wird von den Eskimos nach Grönland eingeladen.
Auf einem zugewiesenen Platz dürfen die Schüler so leben wie die Einheimischen. Dort bauen sie also mehrere Iglus, kochen und schlafen
darin, bauen Schneeskulpturen, legen Wege zu den Beobachtungs-
ständen an, wo man Eisbären und Elche beobachten kann, bauen aber
auch einen Abenteuerspielplatz für die Kinder.

Ausführung:
Die Arbeiten der Schüler verteilen sich über mehrere Tage und fügen
sich so zusammen, dass daraus eine zusammenhängende Aktion wird.
Das hat auch den Vorteil, dass man wetterabhängig entscheiden kann,
wie viel von den Plänen umgesetzt wird. Die Spielidee sorgt für einen
roten Faden und klärt auch einfach, was richtig und was falsch ist.

Material:
Schneeschaufeln, Isomatten,
Biwaksäcke, Schlafsäcke,
Rutschgeräte, Stoppuhr, Maß-
band, Schnur, Schreibzeug.
Bitte die Materialliste ergänzen
durch die Angaben bei den
jeweiligen Bausteinen.

Zeitbedarf:
Die Aktionen werden über
mehrere Tage verteilt, nehmen
aber einen erheblichen Teil der
Woche in Anspruch.

Gelände:
Ebene Fläche, im Hintergrund
steileren Hang, abseits der
Ortschaft, aber nicht mehr als
eine halbe Stunde, mit großen
Schneevorräten.

Eskimo – Dorf in der Bauphase

Schneeschuh-Gruppe im Spätwinter

Mädchen mit Aktversuch I

Schnee eignet sich als Rohmaterial auch für filigrane Kunstwerke

Aufgaben:

a. Der Spielleiter fingiert einen **Einladungsbrief aus Grönland**, in dem die Eskimos einer Schülergruppe die Möglichkeit bieten, nach Grönland zu kommen und dort für eine Woche so wie sie selbst zu leben.

b. Am ersten Tag wird ein **Platz gesucht**, der nach etwa einer halben Stunde Gehzeit mit Schneeschuhen erreichbar ist und der eine ebene Fläche bietet. Auf der sollten sich bis zu drei Iglus bauen lassen, aber auch Platz sein für Schneemöbel, Skulpturen und Spielgelände. Wenn sich im Hintergrund ein steiler Hang anschließt, an dem sich rutschen und Bobbahn bauen lässt, dann ist der Platz ideal.
Bevor mit dem Bau der Iglus begonnen wird, ist der Platz insgesamt einzuteilen; die vorgesehenen Standorte für die jeweiligen Bauwerke des Dorfes sind zu markieren.

c. Erst dann wird mit dem **Bau der Iglus** begonnen. Bis zu drei Gruppen arbeiten parallel oder bauen die Behausungen nacheinander. Diese Entscheidung hängt letztlich von der Größe der Gruppe und der Zahl der „Kapos" ab. An einem Iglu können gut 10 Personen gleichzeitig bauen. Wie gebaut wird, ist im Baustein „Iglu und Schneehöhle" genauer erklärt.

d. Sobald die Iglus fertig und eingeweiht sind – eine Feier mit Rentiermilch und Tee ist Pflicht – wird das **Dorf weiter ausgebaut**. Als nächstes bietet sich an, einen Torbogen aus Schneeblöcken dort zu errichten, wo man den Vorplatz der Iglus betritt. Dazu können Sitzbänke im Freien gebaut werden, die zum Verweilen einladen. Schneeskulpturen stellen die Tiere der Polargegend, aber auch den jagenden Menschen dar. Auch dazu findet sich im Baustein „Schneekunst" Genaueres.

e. Das Dorf braucht auch ein Wegesystem in die Natur hinaus zu **Beobachtungsplätzen**, von denen aus man die Landschaft überblicken und kontrollieren kann. Vielleicht wird es notwendig, das Dorf zu bewachen. Und dann sind diese gut angelegten Posten wichtig.

f. Der Bau eines **Abenteuerspielplatzes** für die Eskimokinder bildet den Abschluss. An einem möglichst steilen Hang werden Rutschbahnen oder gar eine Bobbahn mit Sprungschanze gebaut, in Wächten Schneehöhlen gegraben, im „Steinbruch" Wichtellandschaften gebastelt.

Eskimos vor ihrer Behausung

g. Wichtig ist, dass nach der Fertigstellung der Bauwerke **Aktionen** veranstaltet werden. So wird in den Iglus übernachtet. Oder die Klasse veranstaltet eine „Olympiade" mit den Eskimos zusammen. Dazu sind die Schüler in zwei Gruppen einzuteilen und ein Rollenspiel zu entwerfen. Die Eskimos bringen ganz andere Spiele ein als die Europäer. Sie werden eher Fährten suchen, Jagdspiele vorführen wie „den Polarfuchs mit Schneeschuhen jagen" oder in Windeseile hohe Schneetürme bauen. Ihre Quellen sind eher im Baustein **Naturerfahrungsspiele** zu finden. Die Europäer dagegen veranstalten Bobrennen, Schanzenspringen oder einige der zahlreichen **Schneespiele** aus dem so benannten Baustein.

Auf den Spuren des Yeti

Material:

- Ausrüstung für eine Schnee-
  schuhtour
- Lawinenschaufeln
- Bestimmungskarten für Tier-
  spuren
- Fernglas
- Fotoapparat
- Fangnetz
- Brotzeit
- Seil

Zeitbedarf:

Für die Vorbereitung 2 Std.,
für die Durchführung ein
ganzer Tag.

Alter:

ab 10 Jahre

Gelände:

Flaches bis mittelsteiles
Almgelände.
Eher nur 400–500 m Aufstieg.

Idee:

Nachdem in dieser Gegend erneut eine Begegnung mit einem Yeti
gemeldet wurde, hat die Universität München dafür eine hohe Belohnung ausgesetzt, dass jemand dieses Tier fängt und lebend abliefert.
Sein Lebensbereich ist am Rande der Waldgrenze; dort hält sich das
scheue, aber gleichzeitig neugierige Tier nach den wenigen Augenzeu-
genberichten vorwiegend auf. Es zu fangen bedarf nicht nur sportlicher
Jägerqualitäten, sondern vor allem großer List. Das Tier ist in eine Falle
zu locken und dann gefesselt zu Tal zu bringen. Die Spielleiter müssen Fährten legen und am Ende dafür sorgen, dass ein verkleideter
Mensch gefangen wird, der die anderen täuschen wollte.

Ausführung:

Das Ersuchen der Universität lässt neben einer Belohnung auch Abenteuer erwarten. Schnell ist eine Gruppe gebildet. Sie plant die Fang-
route, legt die Strategie fest, stellt die Ausrüstung zusammen und begibt sich auf die Jagd.

Yeti oder nur Yeti-Spur?

Aufgaben:

a. Eine Jagdgruppe wird zusammengestellt. Sie grenzt das Fanggebiet ein und plant eine Aufstiegsroute.

b. Die Ausrüstung wird ausgeliehen, zusammengestellt und verteilt, die Startzeit festgelegt.

c. Die Gruppe beginnt mit Schneeschuhen den Aufstieg. Dabei hält sie ständig Ausschau nach verdächtigen Spuren. Es wird aber auch überlegt, wie sich der Yeti hervor und in eine Falle locken ließe.

d. Eine von vielen Ideen, das Tier in eine Falle zu locken: Die Gruppe baut eine Fallgrube, in deren Mitte eine verführerische Yeti-Frau aus Schnee geformt wird. Der umlaufende Fallgraben wird zuerst mit Ästen und danach mit Schnee abgedeckt, so dass ein von Liebesgier befallenes Tier leicht hineinfallen könnte.

e. Irgendwann stößt die Gruppe auf eine besondere Schneeschuhspur, bei der es alle siedend heiß durchfährt: das ist kein Mensch, das muss ein Yeti sein. Diese Spur wird ab jetzt verfolgt, doch muss auch ausgeschwärmt werden, um den Yeti einzukreisen. Einzelne bleiben zurück und legen sich auf die Lauer, um später nachzukommen.

f. Entlang der Spur stoßen die „Jäger" immer wieder auf Lebenszeichen, Nahrungsreste, Zeichen im Schnee, Spielmaterial u.a., so dass der Verdacht entsteht, es könnte auch ein Mensch sein.

g. Endlich wird er in seinem Versteck erspäht und zuerst mit dem Fernglas beobachtet. Unter seiner Fellkleidung ist aber nichts Sicheres auszumachen. Der letzte Plan sieht eine Umzingelung vor. Alle Jäger schwärmen aus.

h. Im letzten Moment tritt der Yeti die Flucht an, doch hat er keine Chance und wird gefangen. Rasch stellt sich heraus, dass es sich um einen Menschen handelt, der sich verkleidet hat. Ist es nicht gar einer der Leiter?

i. Trotzdem wird der Gefangene ans Seil gebunden und im Triumphzug mitgenommen.

k. Die Belohnung in Form besonderen Essens muss es natürlich geben, das Jagdfoto mit allen drauf auch.

Schnee-Rallye

Idee:
eine Rallye verknüpft verschiedene Spiele und Aufgaben zu einem Rundkurs, so dass die Teilnehmer sich von Spielstation zu Spielstation bewegen. Welche Spiele sich dafür anbieten, hängt von mehreren Faktoren ab:
- Gelände
- Schneelage
- Zeit
- Alter
- Körperliche und psychische Belastbarkeit
- Natürliche Spielangebote

Grundsätzlich sollte darauf geachtet werden, dass die Spielstationen körperliche und geistige Anforderungen stellen, so dass ganz unterschiedliche Fähigkeiten der Teilnehmer zum Tragen kommen. Es empfiehlt sich, sie den Bausteinen **Schneespiele** und **Naturerfahrungsspiele** zu entnehmen

Ganz wichtig ist es, die Teilnehmer in Paare oder Gruppen einzuteilen, damit soziale Fähigkeiten wie Teamwork abgefordert werden.

Der Wettkampfcharakter sollte nicht forciert werden. Alles was unter Zeitdruck erledigt wird, stört den Naturkontakt. Der Spaß des Spieles sollte nicht aus dem Sieg resultieren, sondern aus der spannenden Aufgabenstellung und dem Gemeinschaftserlebnis.

Statt Zeit zu messen, sollten auf gelöste Aufgaben Punkte vergeben werden, die sich am Ende leicht zusammenzählen lassen. Sollte bei einzelnen Aufgaben trotzdem mit Zeiten bewertet werden, sind auch diese in Punkte umzurechnen. Die zu erzielenden Punkte sollten die Gewichtigkeit der Aufgaben wiederspiegeln.

Jeder Spielgruppe wird ein Laufzettel mitgegeben, in dem die Zwischenergebnisse verzeichnet werden.

Planung und Vorbereitung einer Rallye sind zeitaufwendig, erfordern auch Phantasie und Organisationsvermögen; andererseits läuft die Rallye um so besser, je mehr an Vorarbeit aufgewendet wurde. Um die Spannung hoch zu halten, werden die Teilnehmer nicht mit einbezogen, sondern derweil anders beschäftigt, z.B. mit der Fertigstellung der Iglus, von Schneeplastiken oder einer Bobbahn.

Ausführung:

An dieser Stelle wird das Beispiel einer Rallye vorgestellt, die wie beschrieben durchgeführt wurde. Um die Jugendherberge Sudelfeld bot
sich mittelsteiles, aber auch flaches Gelände an. Unterhalb des Hauses
lag unter tiefem Schnee ein ebener Eisplatz, es gab genügend Waldränder, auch frei stehende Laubbäume. In den Tagen zuvor hatten die
Schüler zwei Iglus gebaut, die sich anboten, in den Rundkurs mit
einbezogen zu werden.

Nahezu ein Meter Neuschnee bot eine phantastische, tief winterliche
Kulisse. Ohne Schneeschuhe wäre man bis zum Bauch versunken, ein
Vorankommen ausgeschlossen gewesen. Damit war auch die Weg-
führung der Rallye einfach: die Schneeschuhe ergaben schon nach
dem vierten Mitspieler einen tiefen Graben, dem alle anderen bereitwillig folgten.

Die 12 Spielstationen waren zu einem Rundkurs angeordnet; ihre
Reihenfolge fügte sich dem Geländeangebot. Trotzdem entstand eine
bunte Mischung und ein Wechsel aus aktiveren und besinnlicheren
Aufgaben. Die letzte Station war wieder in der warmen Hütte.

Vor Beginn der Rallye wurden die Mitspieler über den Ablauf und die
Stationen mittels eines Plakats und mündlicher Erklärung informiert.
Die genaue Aufgabenstellung einer jeden Station wurde vor Ort in Klar-
sichthüllen verpackt deponiert.

Damit sich beim Lösen der Aufgaben die Paare nicht zu sehr störten,
wurden sie in Zeitabständen von fünf Minuten auf den Weg geschickt.

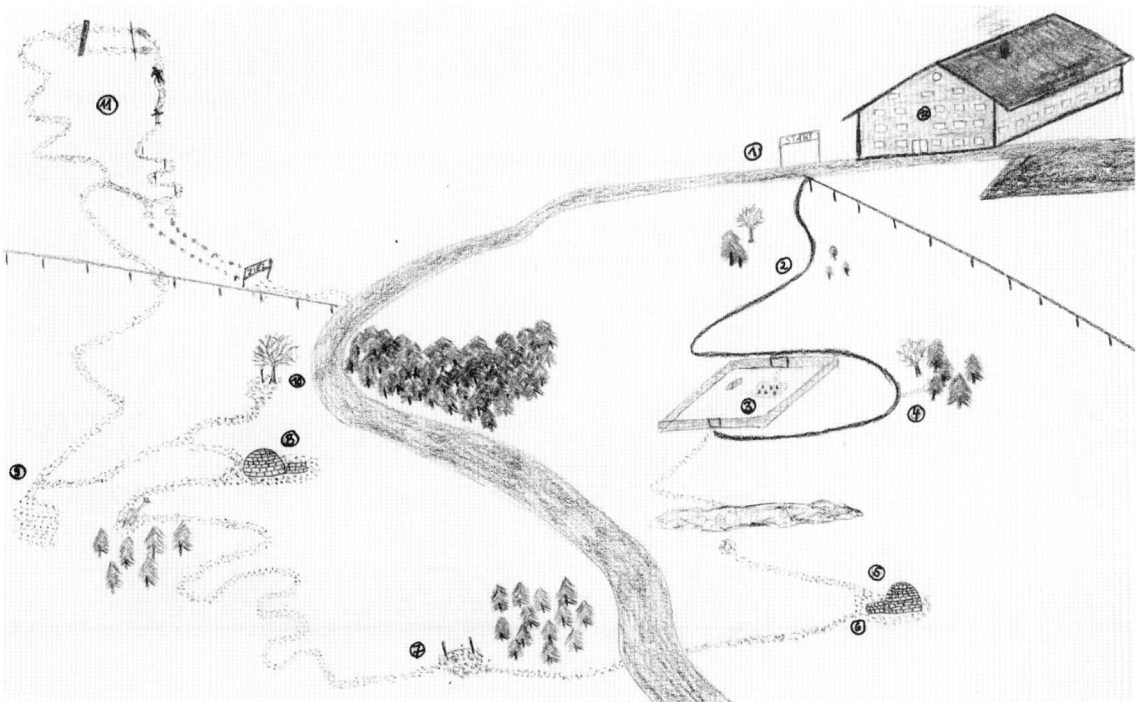

Schnee-Rallye

Folgende **Spielstationen** wurden aufgebaut:

1. **Partnersuche**
2. **Blindenführung**
3. **Riechen und Tasten**
4. **Baum ertasten**
5. **Denksport**
6. **Wassertransport**
7. **Zielwerfen**
8. **Tiere-Rätsel**
9. **Erbsen-Weitspucken**
10. **Tarzansprung**
11. **Hindernisparcours**
12. **Scherzfragen**

Und so präsentierten sich die Spielstationen im Einzelnen:

1. Partnersuche:

Zwölf Bilder von einheimischen Wildtieren in gleichem Format wurden zu je zwei Puzzleteilen zerschnitten, in einer Mütze bunt vermischt und anschließend verlost. Erst nachdem jeder sein Puzzleteil besaß, wurde die Aufgabe gestellt: es galt auf Kommando möglichst rasch seinen Partner zu finden. Das anschließende Chaos aus Zurufen und Bildvergleichen führte in erstaunlich kurzer Zeit zu Paaren, die damit auch einen Namen besaßen, der in einer Beziehung zur winterlichen Natur stand: Fuchs, Schneehase, Reh, Schneehuhn, Auerhahn, Gämse, Adler, Murmeltier, Dohle, Wiesel, etc. Er wurde auf dem Laufzettel des Paares eingetragen. Jedes Paar blieb für die Dauer des Spiels zusammen.

Einen Blinden ohne Worte sicher führen

2. Blindenführung:

Es galt einen von beiden „blind" über einen steilen, tief verschneiten, hindernisreichen Hang zu lotsen, ihm dabei das Gefühl von Sicherheit zu vermitteln, Stürze zu vermeiden, über einen Zaun zu helfen, dabei aber nicht zu sprechen, sondern nonverbale Kommunikationstechniken zu benützen. Das Ziel war ein ebener Eisplatz, auf dem die nächste Station vorbereitet war.

3. Riechen und Tasten:

Auf einem Schneetisch waren Dosen und Stoffsäckchen aufgereiht, in denen es jeweils fünf Materialien zu „erriechen" und ertasten galt. Als Geruchsstoffe hielten hier Gewürze her: Paprika, Pfeffer, Meerrettich, Curry, Muskat. Zu ertasten waren „Isoliermaterialien: Fichtennadeln, Sägespäne, Isofloc, Korkschrot, Schafwolle. Während die Gewürze im täglichen Essen vorkamen, wurden die Isoliermaterialien auch im Naturerfahrungsspiel „Frostschutz" verwendet.

4. Baum ertasten:

Wiederum wurden einem von beiden die Augen verbunden. Ohne zunächst die Aufgabe zu kennen, wurde dieser auf Umwegen zu einem einzelnen Baum geführt, den er sich in Ruhe mit den Händen erfühlen sollte, so dass er ihn ggf. wieder erkennen würde. Auch der Rückweg sollte verwirren, denn nach dem Abnehmen der Augenbinde galt es für den „Blinden", seinen Baum ohne Unterstützung seines Partners wieder zu finden.

Mein Baum: ob ich ihn wieder finde

Riechen und Tasten

5. Denksport:

Gemeinsam vor Iglu I sitzend, wurden Wissensfragen gelöst, die nicht spezielles Schulwissen abfragten, sondern entweder knifflige Denkaufgaben waren oder das Allgemeinwissen betrafen. Die Lösungen waren auf dem Frageblatt mit wenig Schreibarbeit einzutragen.

6. Wassertransport:

Ins Iglu hinein führte die nächste Aufgabe, die körperliche Geschicklichkeit und eine ruhige Hand erforderte. Es galt einen randvollen Becher mit Wasser auf Bauch oder Rücken robbend durch den Zugangstunnel ins Iglu hinein und wieder heraus zu transportieren. Dabei sollte möglichst wenig verschüttet werden. Mit einem Lineal wurde am Ende der Pegel gemessen und im Laufblatt festgehalten.

7. Zielwerfen:

Auf dem Weg zu Iglu II war Zielgenauigkeit beim Schneeballwerfen gefragt. In 10 m Entfernung von der Abwurflinie standen 2 Stangen in 1m Abstand. Zwischen ihnen sollte jeder von Beiden mit 5 Würfen hindurchtreffen. Während der Zwischenraum je 1 Punkt erbrachte, gab es für jeden Stangentreffer 2 Punkte zu gewinnen.

8. Tiere-Rätsel:

Am Iglu II gab es Beschreibungen von „Tieren", die es erlaubten, ihren Namen zu ermitteln. Auch die Beschreibung des Naturerfahrungsspieles „Lustiges Tiere raten" wäre wegen ihrem Bezug zum winterlichen Naturraum geeignet.

Tarzan im Winter

9. Erbsen-Zielspucken:

An einem mittelsteilen Hang waren tiefer gelegen und in Abständen von
1,5 und 2,5 m Plastikhütchen mit ihrer Öffnung nach oben aufgestellt.
Von einer Startlinie aus galt es je 5 trockene Erbsen in die Öffnung zu
spucken. Je nach Entfernung gab es pro Treffer ein bzw. 2 Punkte.

10. Tarzansprung:

Am weit vorragenden Ast eines Bergahorns wurde ein Tau befestigt, an
dem man sich Tarzan gleich Anlauf nehmend in die Luft schwingen und
– zum rechten Zeitpunkt loslassend – weit in den Tiefschnee plumpsen
konnte. Von der Aufsprungstelle aus musste der Partner beidbeinig aus
dem Stand weiter springen. Die Endweite wurde markiert und ent-
schied über die zu erwerbenden Punkte.

11. Hindernisparcours:

Gestartet wurde in halber Höhe eines steilen Hanges auf einem quer
liegenden Baumstamm. Beide Partner wurden mit einer Reepschnur
um die Taille in 5 m Abstand angeseilt. Dann galt es ausnahmsweise
auf Zeit Hang abwärts auf Schneeschuhen durch Richtungstore zu
laufen. Dabei musste ein Hindernis – eine Hürde aus Slalomstangen –
per Hechtsprung überwunden werden. Im Flachen angekommen, galt
es die Schneeschuhe auszuziehen und in einen Kartoffelsack zu
steigen, um den Rest der Strecke beidbeinig hüpfend zurückzulegen.
Im Ziel wurde die Gesamtzeit gestoppt und in Punkte umgerechnet.

Erbsen – Zielspucken

Salto mortale – angeseilt

12. Scherzfragen:

In der warmen Stube der Jugendherberge wurden abschließend Scherzfragen beantwortet, die witzig sein und den Wettkampfcharakter mildern sollten. Wichtig dabei war, dass die Partner am Ende des Parcours noch einmal die Köpfe zusammen steckten und dabei lachen konnten.

Auswertung:

Bei jeder Station wurden für jede gelöste Aufgabe Punkte vergeben, bzw. die erreichte Zeit in Punkte umgerechnet. Alle Zwischenergebnisse wurden auf dem Laufblatt vermerkt und von den Paaren selbst eingetragen.

Um die Aufbauarbeit nicht allein den Spielleitern aufzubürden, halfen die Schüler mit und lernten dabei die Strecke und die Aufgaben kennen. Gleichzeitig entstand dabei Vorfreude und Spannung auf den „Wettkampf". Alle Informationen, die an den Stationen deponiert wurden, blieben natürlich geheim.

Zu den wesentlichen Entscheidungen der Spielpartner gehörte es zu erkennen, wer von beiden welche Teilaufgabe übernimmt. Selbsteinschätzung und Kooperation waren dabei sehr wichtig. Die Aufgaben versuchten auch, motorische mit kognitive Fähigkeiten so zu mischen, dass auch weniger sportliche Teilnehmer zum Gelingen der Mannschaftsleistung beitragen konnten.

Die ausgewählten Spiele und Aufgaben machten sich die Eigenheiten des Umfeldes der Jugendherberge, aber auch den Umstand zunutze, dass meterhoher Neuschnee gefallen war. Der machte Stürze harmlos und gleichzeitig zu einem intensiven Erlebnis.

Eher Wissens- als Scherzfrage

Baustein
Schneekunst

Vorbemerkungen:

Schnee ist ein phantastisches Material zum Gestalten von Figuren aller Art. Er hat trotz seiner Kälte eine Menge **Vorteile** gegenüber konkurrierenden Materialien:

- Schnee ist im winterlichen Gebirge in großen Mengen vorhanden; so können viele Schüler gleichzeitig gestalten.
- Er kommt in unterschiedlicher Konsistenz vor, als puderleichter Neuschnee wie als klebriger, schwerer Pappschnee.
- Auch frei tragende Teile überraschen immer wieder durch ihr gute Statik. Über Nacht gefroren ergeben sie sehr stabile und in der Kälte lange haltbare Gebilde.
- Schnee ist ein umweltfreundliches Material, das am Ende in der Sonne zu Wasser schmilzt und in den natürlichen Kreislauf zurückgeführt wird.
- Schnee kann mit bloßen Händen, mit Handschuhen, aber auch mit der Schaufel bearbeitet werden.
- Schnee hat in vielen seiner Formen ein geringes spezifisches Gewicht; er ist damit auch für Kinder leicht zu tragen.
- Schnee lässt sich gut formen, zu Kugeln ballen, mit sofortiger Wirkung und ohne Zusatzstoffe verkleben, auch am nächsten Tag einfach weiter verarbeiten.
- Schnee hat eine luftige, das Licht durch lassende Konsistenz; in der Sonne leuchtet er in makellosem Weiß.
- Als Material ist er konkurrenzlos billig.

Designermöbel

Gestaltungsaufgaben
bieten sich zahlreiche. Von den technischen Fertigkeiten und den Ideen her ist vieles möglich:
- die Schneeburg,
- das Iglu,
- der Schneemann,
- Tierplastiken als Halb- und Vollrelief,
- Möbel aller Art,
- Türme und Torbögen,
- Pyramiden,
- menschliche Figuren,
- Fabelwesen,
- Kunstgegenstände.

Was gebaut wird, sollte in einem gedanklichen Zusammenhang stehen zu Aktionen, die während der Winterfreizeit stattfinden.

Wenn etwa die Spielaktion „Eskimodorf" vorgegeben ist, dann sollten die Gestaltungsaufgaben von dieser Idee gespeist werden. Zu den Iglus werden dann Torbögen und Plastiken gebaut, die die Tierwelt der Eskimos darstellen: Eisbär, Robbe, Polarfuchs. Einfacher gehen Schutzmauern, die das Dorf einrahmen.

Designed by women

Oder es wird im Yeti-Spiel eine reizvolle Yeti-Frau gebastelt, die das männliche Wesen anlocken soll.

Wenn sich die Menschen im Spiel zueinander gesellen, dann entstehen Sitzmöbel aus Schnee. Um Nachtaktionen zu beleuchten, eignen sich Schneelaternen.

Warum nicht eine Schnee-Olympiade mit antiken Figuren und Kunstgegenständen einrahmen? Der Geschichtsunterricht liefert willkommene Vorlagen.

Aber auch ein winterliches Stonehenge ist denkbar in Anlehnung an archaische Kulturen, deren Bauwerke rustikal und in der Interpretation dunkel sind.

Dem Bauen sollte immer eine **Planungsphase** voraus gehen. In dieser sollten Ideen vorgegeben und von den Baugruppen weitergeführt werden. Natürlich ist auch spontanes Bauen möglich, bei dem man sich auf die Assoziation während des Umgangs mit dem Material verlässt, ohne zu wissen, was am Ende entsteht. Doch erfolgreicher ist Bauen nach Plan.

Der Lehrer gibt ein Thema vor und verteilt **Vorlagen,** die gestalterische Anhaltspunkte geben und denen helfen, die zu wenig Formgefühl entwickeln. Jede Gruppe erstellt dann eine Skizze ihres Bauwerks. Diese sollte zeichnerisch möglichst konkret sein, die Größenverhältnisse angeben und auch berücksichtigen, wie die Statik sichergestellt wird.

Danach wird ein **Bauplatz** gesucht, der das Kunstwerk ausstellt, von weitem sichtbar macht, in die Höhe hebt oder landschaftlich passend einrahmt. In der Nähe sollte genug Schnee liegen, damit die Transportstrecke gering bleibt. Auch die Abstände zu den anderen Kunsthandwerkern sollte geklärt werden. So kann es sein, dass man im einen Falle von Einzelkunstwerken einen größeren Abstand bevorzugt, im anderen, wo es darum geht, etwa eine Säulenreihe zu bauen, die Plätze aufeinander abstimmt.

Die Schüler sind in **Teams** einzuteilen, wobei die Gruppen nicht größer sein sollten als 2–4. Sonst können nicht mehr alle beschäftigt werden, oder es fällt schwer, sich auf ein künstlerisches Konzept zu einigen. Dabei eignet sich die Materie Schnee gut für Gruppenarbeit, weil die Arbeit neben der künstlerischen Formung auch das Heranschaffen des Schnees erfordert. Solche Hilfsarbeiten sind aber auch sehr wichtig und ein Teil des sozialen Lernens.

Das **Bauen** selbst besteht zunächst aus einer **Grobform,** bei der es darum geht, Schnee heranzuschaffen und so aufzuhäufen, dass die groben Dimensionen stimmen. Dazu eignen sich Blöcke, die aus festem Altschnee gestochen werden und sich zu stabilen Formen aufbauen lassen. Feuchter Schnee lässt sich gut rollen und nachträglich mit der Schaufel so stechen, dass die gewünschte Form entsteht. Bei wenig klebrigem Pulverschnee kann es nötig werden, den Schnee mit der Schaufel aufzuhäufen und über Nacht gefrieren zu lassen, damit er am nächsten Tag weiter verarbeitet werden kann. Auch durch Festtreten mit Schneeschuhen kann Neuschnee verdichtet werden, so dass er sich am nächsten Tag weiter verarbeiten lässt

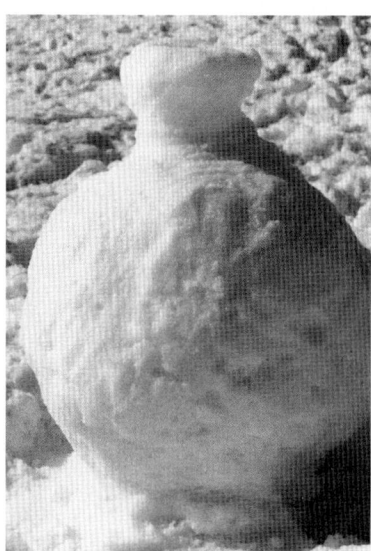

Griechischer Vorratsbehälter   *Kleiner Eisbär oder doch Teddy?*

Es empfiehlt sich, im Team die Rollen zu verteilen, also zu klären, wer Schnee absticht, wer heranträgt, wer aufschichtet und wer die Umsetzung des Planes besorgt. Natürlich können die Rollen später durchgetauscht werden.

Das **Modellieren,** also die Erstellung der **Feinform,** geschieht mit den Händen, wobei man bei längerem Arbeiten nicht ohne Handschuhe auskommt. Schnee lässt sich ohne Mühe festklopfen, verstreichen, hinzufügen oder abschaben. Wobei es immer leichter ist, Material abzunehmen als solches hinzufügen. In dieser Phase steht das intuitive Formen im Vordergrund, der Grobplan liefert keine Anhaltspunkte mehr.

An **Werkzeugen** und **Hilfsmitteln** wird nicht viel benötigt. Wichtig für die Grobphase sind handliche Schaufeln, am besten Lawinenschaufeln mit kurzem Stil. Mit ihnen lassen sich Klötze stechen, loser Schnee schaufeln, dieser festklopfen, aber auch in der Feinformung abnehmen, zustechen, usw.
Mit einem Handfeger oder auch Fichtenreisig lässt sich die Oberfläche glätten, mit Holzspateln Struktur erarbeiten.

Zusätzliche **Materialien,** die sich in Verbindung mit Schnee verarbeiten lassen, werden am besten der winterlichen Natur entnommen:

- Zweige,
- Holz,
- Rinde,
- Moos,
- Heu,
- Steine

Wer den Schnee einfärben will, kann dies mit Wasser-Sprühfarbe tun. Maßstab bei der Verwendung ist die biologische Abbaubarkeit der Farben.

Pyramide, 4 m hoch

Die Schneeburg

Am Anfang war eine weiße, weite Fläche

Idee:

Vorbild ist die mittelalterliche Ritterburg mit Mauern, Zinnen und Türmen, verwinkelt im Grundriss oder rund. Sie dient zum Schutz vor Angriffen, eignet sich hervorragend für Schneeballschlachten und ist recht einfach zu bauen.

Ausführung:

Die Größe einer Schneeburg verlangt es, sie im Team von 3 – 5 Schülern zu bauen. Der Standort ist wichtig für den kommenden Verwendungszweck: er kann erhaben über der Ebene sein, weithin sichtbar, oder geschützt und getarnt. Nahe an anderen Burgen eignet sie sich für Schneeballschlachten, versteckt fürs Anschleichen.

Gebaut wird mit großen Schneeklötzen, die in einem nahe gelegenen Steinbruch gewonnen werden. Überlappend aufgeschichtet und mit Schnee verfugt ergeben sich haltbare Mauern und Türme. Diese sollten mindestens mannshoch sein und Sichtschutz bieten. Wird ein Dach gewünscht, lässt sich dies durch waagrecht aufgelegte Bretter erreichen, auf die wiederum flache Schneetafeln gelegt werden.

Bei tiefem Schnee können um die Burg ein Graben, als Zugang zur Burg ein Wegesystem angelegt werden.

Nachts lässt sie sich gut illuminieren, indem Nischen für Kerzen geschaffen werden.

Sie wird während der Woche ein immer wieder aufgesuchtes Versteck sein, das Geborgenheit und Schutz bietet und in Spiele mit einbezogen wird.

Stolze Verteidiger der Burg

Tierplastiken

Idee:

Über Tiere herrscht unter Kindern und Jugendlichen ein guter Kenntnisstand. Sowohl über das spezifische Aussehen wie über Körpermaße, aber selbst über den Charakter der Tiere wissen sie Bescheid, schätzen und lieben einzelne Arten. Die Bereitschaft, eine Tierart zu modellieren, ist groß.

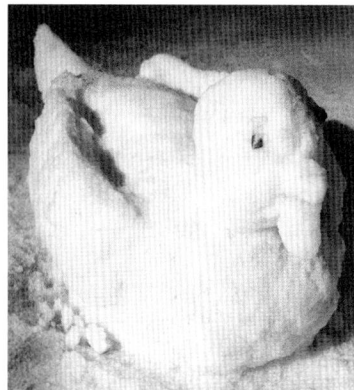

Eisige Ente

Ausführung:

Auch hier ist es von Vorteil, Teams zu 2 – 4 Jugendlichen zu bilden, die sich auf eine gemeinsame Gestaltungsaufgabe einigen. Diese kann unter einem Motto, etwa „Alpenzoo Hindelang", vorgegeben werden. Welche Tierart das jeweilige Team gestaltet, sollte ihm überlassen bleiben. Nur bei Überschneidungen sollte der Leiter abstimmend eingreifen. Um die Phantasie zu unterstützen, können Tierphotos, Zeichnungen oder Plastikmodelle verteilt werden. Wird auf Naturtreue weniger Wert gelegt, erhält die Phantasie mehr Freiraum – und es entstehen fabelhaftere Wesen, die bei aller künstlerischer Freiheit durchaus das Charakteristische erfassen können.

Sollen die verschiedenen Plastiken zusammen etwa einen Zoo ergeben, kann ein Maßstab vorgegeben werden: etwa 1:1 oder 1:2.

• Wüstentiere
• Dschungel
• Arche Noah
• Schlangen
• Drachen
• Dinos

Gearbeitet wird im Voll- oder Halbrelief. Bei weit vorragenden Teilen sollte an eine Stütze gedacht werden. Der Einbau von versteifenden Teilen wie Ästen, Holz u.a. kann geprüft werden.

Außer der Natur entnommenen Materialien können auch wasserlösliche Farben verwendet werden.

Die Frostphase der Nacht bringt bei jedem Schneegebilde eine Vereisung mit sich. Wird es zuvor noch mit Wasser besprüht, härtet es noch mehr aus und ist über etliche Tage haltbar.

Schlangenbändiger

145

Baustelle in Traumlandschaft

Kunstwerk der Natur

Kunstwerk in der Natur

Kunst mit hohem Nutzwert

Menschenfiguren

Idee:

Was selbst im Kunstunterricht mit Gips schwierig ist, lässt sich mit Schnee realisieren: In kurzer Zeit menschliche Wesen modellieren. Die Gestaltungsaufgaben, die vorgegeben werden, müssen natürlich altersmäßig angepasst sein. Während die Kleinen einen Schneemann bauen, können sich Ältere auch an einen Frauen- oder Männerakt wagen.

NHL – Torhüter. Bauzeit 2,5 Stunden

Ausführung:

Es ist immer ein besonderes Gruppenerlebnis, wenn es gelingt, die Figuren in eine Gesamtidee einzubinden. Ob das nun die Yeti-Frau ist, die in der Spielaktion den zu fangenden Yeti-Mann anlocken soll, oder die nackte Schöne, die sich unter dem Motto „Winterfreuden" ein Sonnen- und Schneebad gönnt, ist variabel. Auch die 4 Eishockeyspieler, die den oben abgebildeten Torwart schufen, hätten dem Stichwort „Wintersportler" folgen können.

Auch hier empfiehlt es sich, Kleingruppen zu bilden, eher 3 als 5 Schüler, da die künstlerische Idee es nicht mehr so leicht ermöglicht, dass alle in der Gruppe einer Meinung sind.

Es empfiehlt sich auch, eine Skizze des Kunstwerks anzufertigen, damit eine Art Bauplan besteht.

Sollen die Figuren einander zugeordnet sein, dann sollten zuvor vom Spielleiter nach einem Grobplan die Bauplätze verteilt werden. Wenn etwa – ein Riesenprojekt – eine antike Figurenallee entstehen sollte, muss verabredet werden, wer welche Figur in welcher Größe wohin stellt, ob sie auf Sockeln stehen, in welche Richtung sie blicken.

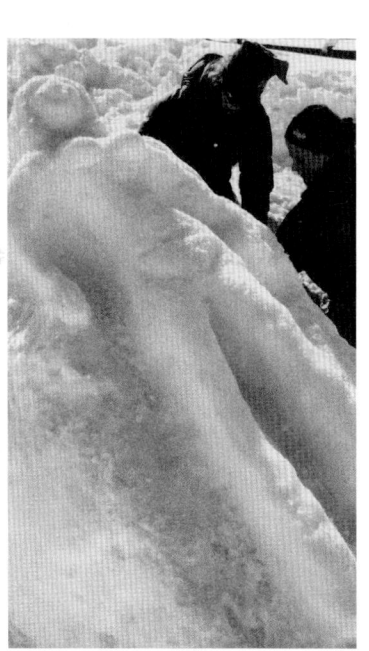

Foto „Nackte Frau"

Zunächst wird wie oben bereits beschrieben eine Rohfigur gebaut, indem Schneekugeln gerollt oder Klötze gestochen werden. Sie werden aufeinander gefügt, so dass die Umrisse stimmen. Erst dann wird modelliert, indem klebriger Schnee selten hinzugefügt, sondern häufiger schabend abgenommen wird. Mit den Handschuhen lassen sich feine Konturen formen. Als Hilfsmittel kommen Lawinenschaufeln, aber auch feine Holzscheite in Frage, mit denen man schaben kann. Um bei weit vorragenden, dünnen Gliedmaßen die Statik zu verbessern, können aussteifende Holzteile eingebaut werden.

Um die Plastiken haltbarer zu machen, können sie vor Einbruch der Nacht vereist werden, indem sie mit Wasser übersprüht werden.

Baustein
Iglu und
Schneehöhle

In zwei Stunden war das Iglu erbaut. sieben Jugendliche konnten darin schlafen

Gemeinschaftsleistung

Viele fleißige Hände lassen das Bauwerk wachsen

Biwak im Schnee: Iglu und Schneehöhle

1. Vorbemerkung:

Im Rahmen einer alternativen Winterfreizeit, die viel mehr sein möchte als bloßer Pistenskilauf, kommt dem Bau von Schneehöhlen und Iglus eine große Bedeutung zu. Was daran ist reizvoll oder pädagogisch wertvoll?

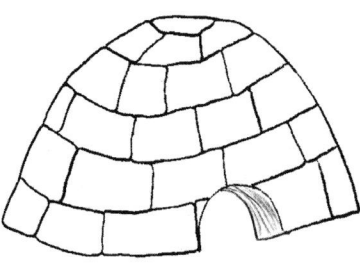

Das Bauen stellt eine besondere Gruppenleistung dar, die, wenn es gelingt, als großer Erfolg erlebt wird und das Selbstbewusstsein und das Wir-Gefühl entsprechend steigert. Der Bau kann nur gelingen, wenn alle mit vollem Einsatz zusammenhelfen und ihr Einzelwissen und -können einbringen. Dabei sind nicht allein körperliche Kraft oder der Umgang mit der Schneeschaufel gefragt, sondern Vorstellungsvermögen, Improvisationstalent, Ausdauer und Teamfähigkeit. Nachdem der Schutzraum gebaut ist, wird er in den folgenden Tagen immer wieder aufgesucht, in Spiele eingebaut oder am Ende als Übernachtungsort hergenommen. Damit erhält der Iglu-Bau den in der Erlebnispädagogik erwünschten Projektcharakter. Eine Nacht in einer Schneehöhle oder in einem Iglu gehören sicher zu den unvergesslichen Erlebnissen einer Winterfreizeit.

Wenn es richtig gebaut ist, bieten sowohl Schneehöhle wie Iglu
• Schutz vor Kälte und Wind (die Temperatur liegt zwischen 3 und 6 Grad)
• Raum für 4 – 6 Schlafplätze
• Emotionale Geborgenheit
• Und gleichzeitig einen unmittelbaren und eindrucksvollen Naturkontakt

Der „Steinbruch" verlangt akkurate Arbeit

Ausrüstung:

Der Bautrupp braucht:

- möglichst wasserdichte Skibekleidung, weil alle über längere Zeit direkten Körperkontakt zum Schnee haben;
- feste, wasserdichte Handschuhe, da die Schneeklötze in die Hand genommen werden;
- mehrere Schnee- oder Lawinenschaufeln (siehe Ausleihmöglichkeit in Jugendherberge);
- Schneeschuhe zum Festtreten des Bauplatzes;
- Eine Messschnur zum Anzeichnen des Grundrisses (Skistöcke sind ebenfalls zum Abstecken geeignet).

Anzahl der Helfer:

Während beim Schneehöhlenbau nur 5 – 6 Teilnehmer sinnvoll einsetzbar sind, kann sich beim Iglubau eine große Gruppe (also 15 – 20) beschäftigen. Wichtig ist, dass die Aufgaben klar verteilt sind, Zuständigkeiten und Verantwortung bekannt und abgegrenzt sind und beim ersten Bauversuch die Gruppenmitglieder in ihre Aufgaben eingewiesen werden.

Aus Schnee ein Iglu bauen

Der Schnee-Steinbruch ist sorgfältig zu führen

Je „zierlicher" die Helfer, um so kleiner sollten die Blöcke sein

Bald schließt sich die Kuppel

Hier also entsteht „Eskimodorf"

Bau eines Iglus

Welcher Schnee eignet sich für den Iglubau?

Es gibt mehrere Schneearten, aus denen man feste Schneeblöcke formen kann:

- Windgepackter und -gepresster Schnee, aus denen ja auch die gefährlichen Schneebretter bestehen, ist so fest, dass sich stabile und doch nicht zu schwere Blöcke stechen lassen.
- Verharschter und verfirnter Schnee, wie er sich auf Sonnenhängen und im Spätwinter häufiger findet, gibt sehr feste, aber schwere Blöcke.
- Altschnee wird durch die abtauende Umwandlung verfestigt; auch aus ihm lassen sich gut Blöcke herstellen.
- Lockerer Neuschnee ist zwar ungeeignet, doch kann dieser im „Steinbruch" beiseite geräumt werden, damit man auf geeignetere Schneearten in der Tiefe gelangt. Er kann aber auch mit Schneeschuhen festgetreten werden. Über Nacht gefroren entsteht daraus eine harte Schneeschicht.

Als **Bauplatz** eignet sich eine großräumig ebene Stelle im Gelände. Sie darf nicht mit dem Lebensraum von Tieren konkurrieren, sollte landschaftlich schön, aber auch vor Wind und Blicken geschützt liegen. Auf leichte Zugänglichkeit ist zu achten, die Zustiegsspur bequem angelegt sein, da sie auch in der Nacht benutzbar sein sollte.

Aller Anfang ist mühselig – doch Teamwork ist alles

Der Grundriss des Iglus ist kreisrund und hat einen Durchmesser von ca. 3 m. Der Kreis wird mit einer Schnur, die an einem Skistock befestigt ist, gezogen. Statt einer Schnur kann der Kreis auch mit Skistöcken markiert werden. Der Innenraum wird mit Schneeschuhen festgetreten.

Die Schneeblöcke müssen in einem **„Steinbruch"**, der nahe des Bauplatzes errichtet wird, abgebaut werden. Dabei kommt es darauf an, sehr systematisch und sorgfältig vorzugehen. Die Blöcke sollten breit und tief, aber flach sein und dürfen nicht zu schwer werden, damit sie von einem Jugendlichen getragen werden können. Die Blöcke werden in einer langen Reihe zuerst von oben, dann erst an der Basis abgestochen. Beim seitlichen Zustechen könnte man auf einen Konus achten, der in etwa dem Radius des Grundrisses entspräche. Bei der Anlage des Steinbruches ist darauf zu achten, dass viele Blöcke benötigt werden und er dementsprechend groß sein muss. Die 2 – 3 Schüler, die im Steinbruch arbeiten, benutzen am besten große Alu-Schneeschaufeln.

Die **Transportmannschaft**, 3 – 5 Schüler, trägt die abgestochenen Blöcke zur Baustelle und hievt sie an die Stelle, die vom Iglu-Bautrupp bezeichnet wird. Dabei müssen beide Teams eng zusammenarbeiten, die Blöcke heben, schieben, drücken und anschließend die Fugen ausfüllen. Mit zunehmender Wandhöhe wird dies anstrengender. Die Blöcke werden am besten mit beiden Händen getragen; sind sie sehr schwer, muss zu zweit geschleppt werden.

Der eigentliche **Bautrupp**, bis zu 5 Personen, steht im Inneren des Iglus. Er achtet auf das richtige Aufsetzen der Blöcke, fügt diese fest und verfugt sie. Die Seitenwände müssen bereits nach 50 cm Höhe eine deutliche Neigung nach innen erhalten, damit sie sich in 2 m Höhe zu einer Kuppel schließen. Damit die Blöcke nicht nach innen kippen, müssen sie – wie bereits erwähnt – breit und flach geformt sein. Sie liegen dann auf bereits vorhandenen Mauern breit auf, können aber etwas nach innen geschoben werden und dort vorragen. Wie beim Mauern einer Ziegelwand werden die Blöcke von Lage zu Lage die Fuge überlappt angeordnet.

Stolze Besitzer einer Schneeburg

Am Ende sind sie eingeschlossen

Aller Iglu-Anfang ist schwer

Mit zunehmender Mauerhöhe wird das Aufsetzen schwieriger

Mit zunehmender Mauerhöhe wird das Aufsetzen der Blöcke schwieriger, weil am Ende sogar über Kopfhöhe gearbeitet werden muss. Sollte die Kuppel des Iglus noch höher werden, muss im Inneren ein Schneepodest errichtet werden, von dem aus die letzten Steine eingerichtet werden.

Für die Stabilität der frischen Schneemauer ist es sehr wichtig, dass sofort nach Einsetzen der Blöcke verfugt wird. Die letzte Öffnung wird mit einer großen flachen Platte geschlossen, die oben aufgelegt wird. Das ganze Mauerwerk gefriert sehr rasch hart aus und gewinnt große Festigkeit, so dass nach der Bauphase keinerlei Einsturzgefahr mehr besteht.

Steht das Iglu, kann es durch Abgraben nach unten ausgetieft und damit die Stehhöhe verbessert werden.

Der **Eingang** wird nachträglich durch Ausstechen und Ausgraben geschaffen. Er wird im rechten Winkel zur Hauptwindrichtung festgelegt, denn nur so ist er vor Schneeverwehungen geschützt. Von außen wird ein hüftbreiter Graben unter das Iglu angelegt und in dessen Innerem nach oben geöffnet. Dadurch kann sich die kalte Luft in diesem Kältegraben sammeln.

Der Eingang wird geschaufelt

Der **Boden** im Inneren des Iglu ist umgehend zu glätten und möglichst waagrecht zu formen, denn schon nach kurzer Zeit ist alles fest gefroren und Unebenheiten sind nur mit Mühe verformbar. Ein glatter Boden aber ist für den Schlafkomfort sehr bedeutend.

In die Kuppel wird eine kleine **Luftöffnung** (5 x 5 cm) gebohrt, damit eine mäßige Luftzirkulation gesichert ist. Jedoch sind die Seitenwände so atmungsaktiv, dass keine Erstickungsgefahr besteht. Allein wenn im Iglu gekocht wird, erhöht sich der Sauerstoffverbrauch deutlich.
Das Iglu bietet bei enger Sitz- und Liegeweise Platz für 6 – 7 Personen. Beleuchtet wird es von einer Kerze. Die Temperatur sinkt, wenn es besetzt ist, nicht unter den Gefrierpunkt.

Die Kuppel schließt sich zur Freude des Bautrupps

Tipp:
Bei ungünstigen Schneeverhältnissen kann als Alternative zum Iglu eine **Baumhöhle** gebaut werden. Dazu sucht man sich einen großen Baum mit herabhängenden Ästen. Um ihn herum wird ein Schneewall so hoch wie möglich aufgehäuft. Der Bau einer Baumhöhle ist sehr einfach, sie lässt sich aber nicht zum Übernachten nutzen, da sie auf die Umgebungstemperatur abkühlt.

Bau einer Schneehöhle:

Die Schneeblöcke wiegen manchmal schwer

- als Standort sucht man Wächten, also Schneeverwehungen hinter Geländekanten und Graten. Dort lagert sich auf der windabgewandten Seite Triebschnee oft in großer Menge ab. Dieser ist dicht gepackt und in sich so stabil, dass er genügend Festigkeit besitzt, damit eine Höhle nicht einstürzt. Die Tiefe der Höhle sollte mehr als 250 cm betragen.
- Es ist wichtig, dass die Grabungsstelle von oben und von der Seite nicht betreten wird, da sie sonst einstürzen könnte. Zu diesem Zweck ist sie mit Skistöcken, Bändern oder Schnüren zu markieren und abzusichern.
- Zuerst wird von unten nach oben ein Stollen gegraben, durch den der „Grubenschutt" auch später entsorgt werden kann. Er sorgt auch dafür, dass keine kalte Luft in die Höhle dringt.
- Beim Graben, das in liegender Stellung erfolgt und nicht von mehr als 2 Schülern in der entstehenden Höhle gleichzeitig betrieben werden kann, ist darauf zu achten, dass die Deckenstärke nicht dünner als 50 cm wird. Ansonsten besteht Einsturzgefahr. Der lose Schnee muss durch weitere Helfer ins Freie befördert werden. Er sollte dort für den Bau seitlicher Schneemauern verwendet werden, die auch als Windschutz dienen können.

Ein großer Schneewall wird geschaufelt

- Da die Grabarbeit, die nur mit den kurz stieligen Lawinenschaufeln gut geht, anstrengend ist, sollten sich die Schüler darin abwechseln.
- Die erhöht angeordnete Liegefläche sollte waagrecht sein, Körperlänge haben und in der Breite für 3 – 5 Personen Platz bieten. Die Raumhöhe sollte 120 – 150 cm betragen.
- Zum Schluss ist noch ein Lüftungsloch nach oben anzubringen, das mit einem Schaufelstiel oder einem Skistock durchbohrt werden kann.

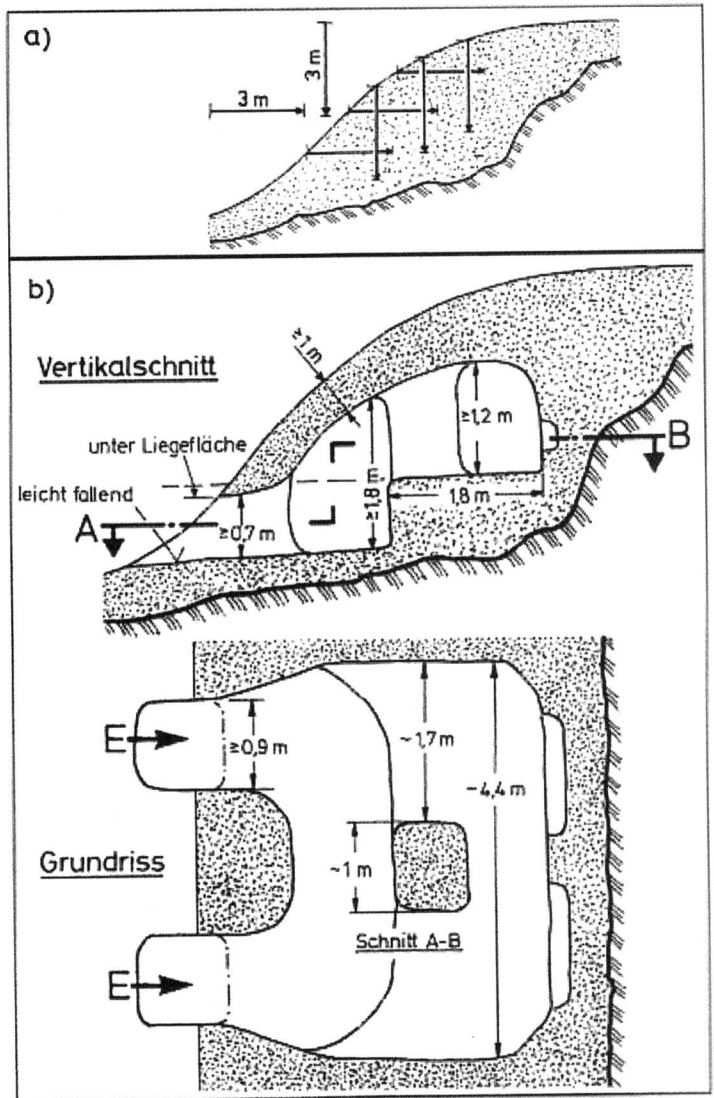

- **Vorsicht:** Es muss sichergestellt sein, dass sich im Falle eines Einsturzes ein Teil der Mannschaft im Freien befindet und die Verschütteten sofort auszugraben beginnt. Keine fremde Hilfe holen, da dies zu viel Zeitverlust bedeutet!

Iglu und Schneehöhle ....

. . . .

Baustein
Rutschen

Überblick:

Die gängigen Formen des Pistenskilaufs schöpfen ihre Beliebtheit allesamt aus einer Grundvoraussetzung: es macht großen Spaß, die schiefe Ebene am Berg auf gut rutschender Schneeunterlage mit aufrechtem Körper und großer Geschwindigkeit hinabzusausen und dabei die Kontrolle über Gerät und Gelände zu bewahren.

Die Entwicklung der letzten Jahre hat die Bandbreite der Rutschformen stark erweitert: zu den normalen Alpinskiern traten Carver, die auch ohne Stöcke gefahren werden sowie extrem kurze Skiarten wie etwa Big-Foots. Vor allem aber setzte sich das Snowboard bei den Jugendlichen als wichtigste Brettform durch.

Die hier vorgestellten Rutschformen wollen mit diesen Pistenskilaufformen nicht konkurrieren. Trotzdem stellen sie eine wichtige Alternative für jene Schüler dar, die Ski- oder Snowboardlaufen nicht erlernen wollen. Der Spaß beim Rutschen ist kaum geringer als der beim Pistenfahren, die notwendige Technik und die Geräte sind wesentlich weniger anspruchsvoll. Abwechslung lässt sich durch Geländewechsel und unterschiedliche Rutschunterlagen herstellen.

Bobbahn mit Sprungschanze

Rutschgeräte

- Neben konventionellen Kufenschlitten eignen sich:
- Plastik-Einerbobs,
- Schalenbobs,
- LKW-Planen,
- Müllsäcke,
- Autoreifenschläuche,
- Zahnpastafolie,
- Luftwürste,
- Alu-Schneeschaufeln,
- Luftmatratzen,
- selbst gebastelte Konstruktionen.

Sie rutschen nicht alle gleichermaßen gut im Tiefschnee. Während etwa Plastik- und Schalenbobs im tiefen Schnee gut laufen, verlangen Folien eine harte und glatte Fläche. In allen Fällen sollte man durch eigene Tests feststellen, was wie funktioniert.

Bau von speziellen Bahnen:

Bei längerem Aufenthalt lohnt es sich, eine spezielle Bobbahn zu bauen, die sich über Nacht vereisen lässt, so dass später richtige „Meisterschaften" ausgetragen werden können. Der Bau solcher Bahnen stellt eine kreative Aufgabe dar, die auch für sich genommen die Mühe lohnt. Kann sie mehrere Tage benutzt werden, steht der Nutzen in einem angemessenen Verhältnis zum Aufwand.

Gruppenerlebnis:

Da vielfach paarweise oder in Kleingruppen gefahren wird, der Aufstieg fast immer dem Austausch der Abfahrtserlebnisse dient, ist Rutschen eine ungewöhnlich gesellige Wintersportart.

Gesundheit:

Bei Sprüngen über Schanzen mag es sein, dass der Rücken deutlich belastet wird; auch ist die Verletzungsgefahr bei hartem, eisigem Untergrund oder festen Hindernissen in der Bahn nicht zu unterschätzen. Doch der Aufstieg zu Fuß belebt den Kreislauf und verschafft Kondition. Er macht die Muskulatur warm und beugt Verletzungen vor.

Gefahren:

Da beim Rutschen gerade auf hartem Untergrund hohe Geschwindigkeiten erzielt werden, viele Rutschgeräte aber nur schwer zu steuern sind, ist die Unfallgefahr nicht zu unterschätzen. Ihr sollte durch überlegtes Vorbeugen begegnet werden:

- Wird gleichzeitig abgefahren und aufgestiegen, besteht die Gefahr von Zusammenstößen. Wird eine eigene Aufstiegsspur angelegt, kann diese Gefahr deutlich vermindert werden. Ansonsten darf erst abgefahren werden, nachdem die Bahn durch einen Gruppenleiter frei gegeben worden ist.
- Feste Hindernisse sind zwar durch ihre Ortsfestigkeit besser wahrnehmbar, doch ist ein Zusammenstoß mit ihnen noch schmerzhafter. Bäume, Zäune, Hütten, Mauern und Masten sind sehr gefährlich. Entweder sie lassen sich beseitigen oder durch Schneewälle abschirmen. Ansonsten muss die Rodelbahn verlegt werden.
- Ganz wichtig ist, dass ein flacher werdender Auslauf gegeben ist, der alle noch so schnellen Rutscher von selbst zum Stehen bringt.

Gefahren beim Rodeln

- Bei Sprüngen aller Art ist darauf zu achten, dass die Landung im Steilhang erfolgt, da ansonsten Prellungen und Rückenverletzungen die Folge sind. Auch das Aufschaufeln von weichem Schnee kann den Aufsprung weicher machen.
- Ist der Untergrund hart und eisig, sollte auf Fahrweisen, die sturzträchtig sind, verzichtet werden.
- Als schützende Kleidung eignen sich Skianzug, Mütze und Handschuhe. Selbst eine Skibrille kann schützen.

Bau einer Bobbahn

Material:
Schneeschaufeln, Schnee-
schuhe, Fichtenzweige.

Gelände:
Steiler, in seiner Neigung aber
wechselnder Hang mit viel
Schnee. Gänzlich frei von
gefährlichen Hindernissen.

Gruppengröße:
Bis 20 Schüler,
aufgeteilt in Kleingruppen
a. 4 – 6 Personen.

Zeitbedarf:
Ohne Verfeinerungsarbeiten
und nachträgliche Korrekturen
3 – 4 Std.

Art der Aktivität:
schöpferisch, aktiv,
anstrengend, gesellig.

Idee:

Eine Bobbahn zu bauen ist eine große gestalterische Aufgabe und für
sich selbst genommen schon sehr erfüllend. Da aber in den folgenden
Tagen auf der selbst geplanten und errichteten Bahn gefahren werden
kann und sogar Wettkämpfe ausgetragen werden können, lohnt sich
der Aufwand erst recht.

Ausführung:

Die Bobbahn sollte nicht allzu weit von der Unterkunft entfernt liegen,
damit sie von den Gruppenmitgliedern auch in kürzeren Freizeiten erreichbar ist. Der Hang sollte steil sein, aber wechselnde Neigungen
aufweisen. Wichtig ist am Ende eine flacher Auslauf.
Die Streckenführung sollte gemeinsam geplant und grob abgesteckt
werden, bevor mit den eigentlichen Bauarbeiten begonnen wird.

Aufgaben:

a. Das Gelingen des Bauwerks hängt sehr von der richtigen Wahl des
   Geländes ab. Ein breiter, steiler Hang mit wechselnden Neigungen
   und ohne Hindernisse ist die beste Voraussetzung. Seine Höhe sollte 50 – 100 Meter betragen. Hoher Schnee ist kein Hindernis, sondern erleichtert das Bauen.
b. Dann wird der grobe Verlauf der Bahn ausgesteckt, werden Start
   und Ziel, die Sprünge und die Kurven festgelegt.
c. Schüler werden in mehrere Teams eingeteilt, die unabhängig voneinander Teilstücke bauen.
d. Mit Hilfe von Schaufeln wird ein Fahrkanal geschaufelt, indem der
   Aushub seitlich angehäuft und mittels Schneeschuhen festgetreten
   wird. Beim Bau der Kurven ist darauf zu achten, dass diese so rund
   geformt werden, dass sie auch bei höherem Tempo durchfahren
   werden können. Die Kurvenaußenwände sind deutlich zu überhöhen
   und stabil auszubilden.
e. Eine oder mehrere Sprungschanzen erhöhen den Reiz der
   Bahn sehr. Start und Ziel sollten
   durch Schnee-Bauwerke deutlich
   sichtbar gemacht werden. Besonders Torbögen machen einen
   imposanten Eindruck.
f. Mit Fichtenzweigen lassen sich die
   Ränder der Bahn markieren. Vor
   der richtigen Benutzung der Bahn
   sollte sie über Nacht durchfrieren.
   Nur selten wird es nötig und möglich sein, sie zu vereisen.

Bau einer Bobbahn

Bobfahren

Idee:
Auf der selbst gebauten Bobbahn mit Plastik-Einerbobs Trainingsläufe
und Rennen veranstalten.

Ausführung:
Nachdem die Bobbahn über Nacht hart gefroren ist, kann auf ihr
gefahren werden. Wenn alle einen Testlauf absolviert haben, werden
die Zeiten gestoppt. Sind Sprungschanzen eingebaut, können die dort
erzielten Weiten gemessen und als Zeitgutschrift verrechnet werden.
Das Rennen sollte mehrere Wertungsdurchgänge haben, deren Zeiten
addiert werden.
Für die Zeitmessung ist ein Standort nötig, von dem aus Start und Ziel
einzusehen sind.
Die Kommentierung der einzelnen Starter durch einen „Reporter" und
die Verkündung von Zwischen- und Endzeiten macht das Rennen für
die Zuschauer spannender.
Um Zusammenstöße zu vermeiden, sollte für den Aufstieg eine eigene
Spur benutzt werden.
Eine Ergebnisliste und eine Siegerehrung sind am Ende sehr wichtig.
Auch Preise für Gewinner und Verlierer sind angeraten.

Material:
Einerbobs, Stoppuhr,
Starterliste, Preise,

Zeitbedarf:
für mehrere Durchgänge
1 – 2 Stunden.

Alter:
ab 10 Jahren

Gruppengröße:
beliebig

Art der Aktivität:
spannend, laut.

Im Schnee vergraben – auch das macht Spaß

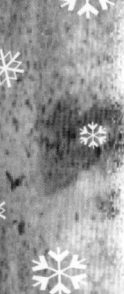

Schlittenspiele

Material:
Kufenschlitten, evtl. Schalenbobs, Markierungen.

Gelände:
Auslaufgelände, breiter Hang,
glatte Fläche.

Zeitbedarf:
1 – 2 Std.

Idee:
Neben dem „normalen" Schlittenfahren gibt es eine Reihe von Spielformen, die für Spannung und Abwechslung sorgen.

Ausführung:
Der Kufenschlitten ist ein vielseitiges Akrobatikgerät. Die Kunststücke
werden auf einem flachen Hang gemacht, auf dem der Schlitten nur
langsam fährt. Wichtig ist auch, dass mehrere Schlitten nebeneinander
fahren können. Es empfiehlt sich, Bahnen zu markieren.

Aufgaben:
a. Auf dem langsam fahrenden Schlitten werden verschiedene Kunststücke gemacht:
   - auf beiden Beinen stehend,
   - Kniestand,
   - Einbein – Waage,
   - Hocke,
   - Paarfiguren auf einem oder 2 Schlitten, die dem Eiskunstlauf
     entlehnt sind,
   - mit dem Rücken zur Fahrtrichtung,
   - mit verbundenen Augen stehend.

b. Während der Fahrt werden Gegenstände vom Boden aufgelesen
und/oder wieder abgelegt, müssen Schneebälle auf Ziele geworfen
werden.

c. Reiterkampf: es werden 2 Mannschaften gebildet. Paarweise wird
nebeneinander gefahren. Dabei kommt es darauf an, den Gegenüber vom Schlitten zu schubsen. Dabei müssen die Arme ver-
schränkt bleiben, so dass nur mit den Schultern geschoben werden
kann. Wer zuerst den Boden berührt, verliert 1 Punkt. Die Mannschaft mit den meisten Punkten hat gewonnen. Die Paare können
gesetzt oder zugelost werden.

d. Bei der Schlittenstaffel werden Paare gebildet, bei denen einer den
Schlitten zieht, der andere sich ziehen lässt. Es geht darum, eine
Rennbahn, die Hindernisse enthalten darf, möglichst rasch zu durch-
laufen. Entweder wird die Zeit gestoppt, oder die Schlitten treten zu
Synchronrennen an.

Schneefähre

Idee:
Auf rutschender Unterlage sich entlang eines Seiles ziehen.

Ausführung:
Auf einem leicht geneigten Hang wird ein Seil zwischen 2 Bäumen gespannt. Es werden Mannschaften gebildet, die sich auf einer rutschenden Unterlage, Schlauchboot, LKW-Plane, Luftwurst etc. sich am Seil entlang hangeln müssen. Dabei darf die Schneefläche nicht berührt werden.

Aufgaben:
a. Zuerst wird ein ca. 20 m langes Seil zwischen 2 Bäumen oder Masten verspannt, so dass es auf einer Rutschunterlage sitzend mit den Armen erreichbar ist.

b. Dann werden Kleingruppen gebildet (2 – 5), die sich auf eine Rutschunterlage setzen und sich gemeinsam am Seil entlang hangeln.

c. Am einfachsten ist es, die Zeit zu stoppen; nur bei paralleler Anlage könnte ein synchroner Wettbewerb entstehen.

Material:
Bergsteigerseil, rutschende Unterlage wie LKW-Plane, Verpackungsfolie, Schlauchboot.

Gelände:
flacher Hang mit einzelnen Bäumen.

Zeitbedarf:
1 Std.

Mit „Vollgas" gehts bergab

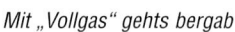

Material:
LKW-Plane.

Zeitbedarf:
1 – 2 Std.

Gelände:
mittelsteiler, harter Hang mit flachem Auslauf und ohne jedes Hindernis (!).

LKW – Fahrt

Idee:
Eine größere Gruppe fährt auf einer großen Plane ab.

Ausführung:
Eine lange LKW-Plane wird der Länge nach ausgelegt und auf eine Breite von 60 cm eingeschlagen. Die Mitfahrer setzen sich eng hintereinander auf die Plane. Die Füße können seitlich zum Bremsen hinausgestreckt werden.
Ein flacher Auslauf muss unbedingt gegeben sein.

Aufgaben:
a. Die Mitfahrer schieben mit den Händen an oder werden von anderen gezogen.
b. Lustiger wird die Gruppenfahrt, wenn die Plane ganz ausgebreitet ist. Allein kann so nicht mehr gesteuert werden; auch der Start muss von anderen Helfern besorgt werden. Die Vordersten nehmen die Plane bis zur Brust hoch.
c. Es können alle auch in Bauchlage liegen und sich an den Beinen ihres Vordermanns festhalten.

Baustein
Alternatives
Pistenskifahren

„Alternatives" Skifahren mit Big Foots

Big Foot Gruppe

1. Was sind Big Foots?

Begeisterung, Spaß, Motivation – diese Schlagworte charakterisieren wohl am treffendsten dieses Sportgerät.

Seit Beginn der 90er Jahre gibt es die **Big Foots** – eine Weiterentwicklung der Firngleiter und Vorreiter des Carving-Trends. Mittlerweile zählen sie zu den Standardangeboten von Sportfachgeschäften. Sie stellen keine Konkurrenz, sondern eine Ergänzung und Alternative zum alpinen Skilauf dar.

Ihre Vorteile gegenüber „normalen" Alpinskiern:
• Entwicklung spielerischer Fertigkeiten,
• Entfaltung der Fantasie,
• mehr Bewegungsmöglichkeiten,
• schnellerer und größerer Lernfortschritt,
• geringere Verletzungsgefahr, u.v.m.

Beim Einsatz von Big Foots mit Jugendlichen spielt vor allem die Integration sozialer Aspekte eine große Rolle. Die Kürze der Skier und die damit mögliche Fahrweise lassen wesentlich mehr Gruppenaktionen zu.

Für das Big Foot Fahren gelten folgende Merkmale:
• Aufrechte Körperhaltung
• Offene/breite Beinstellung
• Fahren ohne Stöcke

2. Was wird benötigt?

Folgende „Ausrüstungsgegenstände" müssen besorgt bzw. im Sportfachgeschäft ausgeliehen werden:

- Big Foots
- Komplette Skibekleidung (mit Mütze, Handschuhen, Skibrille und Skistiefeln)
- Erste-Hilfe-Päckchen
- Evtl. Markierungshütchen + eine Schaufel

Tipp: Die Big Foots sollten bereits am Vorabend des Pistenskitags an die Skischuhe der einzelnen Jugendlichen angepasst werden. Das spart am nächsten Tag wertvolle Zeit und Nerven!

3. Tagesprogramm

Dieses Tagesprogramm ist für Skifahrer geeignet, die bereits den Pflugbogen beherrschen.

Man sollte schon den Pflugbogen beherrschen

I. Aufwärmspiele

Allgemein:

In spielerischer Form wird zu Beginn ein Aufwärmen durchgeführt. Spaß, Abwechslung und das Miteinander sollten dabei im Vordergrund stehen. Bei den Jugendlichen soll ein Verständnis datür geschatten werden, dass das Aufwärmen ein wichtiger Bestandteil des Skifahrens ist. Es bereitet physisch und psychisch auf den Skitag vor und beugt evtl. Verletzungen vor.

Beispiel:

• Skispitzenkarussel

Die Jugendlichen stellen sich in Kreisform mit den Big Foot-Spitzen zueinander auf. In einem vorgegebenen Rhythmus treten sie wenn möglich synchron im Kreis zuerst nach links und dann nach rechts. Diese Bewegung kann durch folgende Elemente variiert werden: Hoch-Tief-Gehen, Hüpfen, Stampfen, Handfassung, Geschwindigkeit verändern, Richtungswechsel auf Pfiff, usw.

II. Abfahrtsspiele

Allgemein:

Unterschiedlichste Abfahrtsspiele zeigen, wie abwechslungsreich Skifahren sein kann. Gruppendynamische Prozesse werden gefördert, wenn man gemeinsam Ski fährt und dabei auf einen Partner und/oder eine Gruppe angewiesen ist. Zudem wird den Skifahrern ein intensiveres Wahrnehmen der Pistenbeschaffenheit und des Körperverhaltens vermittelt.

Beispiel:

• Paarlaufen

Beim Paarlaufen fahren Zweiergruppen nebeneinander in mittelgroßen Schwüngen den Hang hinunter. Sie dürfen einander dabei nicht loslassen und sollen möglichst synchron fahren.

Kettenfahrt

• Kettenfahrt

Hier steht eine komplette Gruppe mit 5 – 10 Personen nebeneinander und versucht in Handhaltung gleichzeitig den Hang abzuschwingen. Der Spaß ist mit Sicherheit sehr groß, obwohl die Gruppe in den seltensten Fällen gemeinsam unten ankommen wird.

• Tatzelwurm

Alle Gruppenmitglieder stellen sich der Reihe nach in Pflugstellung hintereinander auf und fassen sich an den Hüften. Gemeinsam fahren sie in Bögen den Hang hinunter.

Tatzelwurm

Tipp: Wählen Sie bei dieser Spielform einen sehr flachen Hang, damit die Geschwindigkeit nicht zu hoch wird und sich die Gruppe wieder leicht voneinander lösen kann.

• Luftsprung

Bei dieser Spielform wird am Rand der Piste eine Schanze gebaut. Zur besseren Orientierung kann sie mit Hütchen oder Zweigen markiert werden. Je nach Vertrauen in die eigenen Fähigkeiten kann jeder die Länge der Anlaufstrecke eigenständig wählen. Neben Grätsch-, Streck- und Hocksprüngen können sämtliche Fantasiesprünge erprobt werden.

• Tiefschneefahren

Neben der Piste im ungespurten Gelände zu fahren gehört für viele Skifahrer zu den größten Herausforderungen. Mit den Big Foots an den Füßen erscheint dies anfangs sehr schwierig.

Im tiefen Schnee darf man mit ihnen nicht zu langsam fahren, da sie sich sonst wegen ihrer Kürze in den Schnee eingraben. Auf der ersten Tiefschneeabfahrt sind Stürze vorprogrammiert. Bei tiefem und weichem Schnee besteht jedoch keine Unfallgefahr. Nach einer gewissen Übungsphase findet jeder die richtige Mischung aus Geschwindigkeit und Technik.

Tiefschneeabfahrt mit Big Foots

III. Blind Skifahren

Allgemein:

Ein Kribbeln im Bauch – das bekommt jeder, der mit verbundenen Augen eine Skipiste hinunterfährt. Das Tempo erscheint unglaublich hoch und der Berg ist noch dazu viel zu steil... Sinn der Übung ist, die Wahrnehmungsfähigkeit zu schulen. Die Sinne Hören, Berühren und Fühlen werden besonders aktiviert. Durch das Verbinden der Augen werden die Pistenbeschaffenheit, der Partner und andere Skifahrer bewusster wahrgenommen.

Beispiel:

In jedem Zweierteam werden einem die Augen verbunden. Als Augenbinden eignen sich Halstücher, besser aber noch Stirnbänder oder Mützen, die über den Kopf gezogen werden. Die Aufgabe besteht darin, die vom Partner durch verbale Information oder durch Zug und Druck gesetzten Richtungsänderungen umzusetzen.

Die Vielfalt winterlichen Erlebens ist erstaunlich

Akrobatik mit weicher Landung

Naturerfahrung soll sinnlich machen

Blind Skifahren

1. Schritt:

Der Sehende führt den Blinden, um ihm möglichst viel Sicherheit und Vertrauen zu geben. Er bewegt sich langsam rückwärts zum ebenen Hang, während sich der Blinde mit ausgestreckten Armen beim Sehenden abstützen darf.

2. Schritt:

Beide fahren, während sie sich an den Händen halten, hinter- oder nebeneinander auf einem flachen Hang. Auf Zuruf bzw. auf Zug und Druck gibt der sehende Big-Foot-Fahrer dem anderen die Richtung vor.

3. Schritt:

Im letzten Schritt muss sich der blinde Skifahrer voll und ganz auf den Zuruf seines Partners von außen verlassen und einen flachen Hang selbst bewältigen.

IV. Hör- und Riechminute

Allgemein:

Als aktive Pause bietet sich eine Hör- und Riechminute an. Geräusche und Düfte aus der Umgebung werden bewusster wahrgenommen. (vgl. Kapitel Naturerfahrungsspiele)

Beispiel:

Eine kleine Pause an zwei unterschiedlichen Stellen, am Waldrand und in der Nähe einer Liftstation, bieten Gelegenheit für eine Hör- und Riechminute. Alle schnallen die Big Foots ab und benutzen sie als Sitzunterlage. Der Leiter gibt die Anweisung ruhig zu sein und die Augen zu schließen.

Zunächst sollen alle versuchen, die Geräusche um sich herum wahrzunehmen (z.B. das Rattern des Liftes, den eigenen Atem, abfahrende Skifahrer, Musik, etc.) und zu beschreiben. Anschließend wird tief eingeatmet und festgestellt, ob und wonach die Luft riecht (z.B. Schnee, Abgase des Liftmotors, Waldluft, etc.).

Die Eindrücke der beiden unterschiedlich ausgewählten Beobachtungsstellen werden kritisch miteinander verglichen.

Das Ergebnis könnte folgendermaßen lauten: am Waldrand scheint die Natur noch in Ordnung zu sein. Es herrscht vor allem Ruhe ohne weitere Störgeräusche. In der Nähe einer Liftanlage beeinträchtigen die Abgase des Dieselmotors den Naturgenuss erheblich. Der „Lärm" bedroht die Tiere im Wald in ihrem Lebensraum.

4. Zusammenfassung

Dieser Programmpunkt kommt bei Jugendlichen erfahrungsgemäß sehr gut an. Der Einsatz von Big Foots hat auch für den Leiter angenehme Seiten. Ganz egal wie geschickt ein Jugendlicher ist, auf den Big Foots sind alle gleich. Leistungsunterschiede in der Skitechnik sind meist nicht mehr sichtbar. Die Gruppe erscheint homogen.

Der Spaß an der Bewegung mit Big Foots äußert sich bei Vielen darin, dass sie von sich aus anfangen, verschiedene Abfahrtsspiele zu testen. Der Spieltrieb ist so groß, dass der Leiter nur kleinste Impulse geben muss.

Sechs Jugendliche beim Schleppliftfahren

Blindenführung

Bauen mit ganzem Körpereinsatz

Lagebesprechung

Das „Baugerüst" wird vermessen

Baustein
Skitouren mit
Kindern

Große Landschaft auch Kindern zugänglich

Auf den Gipfel kommt es nicht an, aber auf die einsame Spur

Die Gruppe vermittelt Geborgenheit und motiviert zur Aktion

Vorbemerkung

Im Rahmen einer alternativen Skifreizeit spielt Skitourenlauf keine sehr wichtige Rolle, da nur eine kleine Minderheit die Gelegenheit nutzen wird. Auf der anderen Seite ist bei Jugendlichen, die snowboarden, die Bereitschaft größer, sich auf eine abenteuerliche Tiefschneeabfahrt einzulassen. Und seit der Aufstieg mit Schneeschuhen geläufig geworden ist, eröffnet sich auch für diesen Kreis Tourenskilauf als Alternative.

Große Landschaft auch Kindern zugänglich

Planung und Vorbereitung einer Skitour:

• Die erste Tour muss stimmen. Wer hier den neugierigen, aber empfindlichen Neuling vergrämt, zerstört viel Motivation.

• Das Wetter muss so sein, dass die Kälte erträglich ist. Ist die Sicht gut und scheint die Sonne, erleichtert das das Naturerlebnis, weil Anfänger sich über Fernsicht im Gebirge und klar ausgeleuchtete Konturen freuen; doch auch Nebel und Schneefall können reizvoll sein.

• Wichtiger als das Wetter ist die Schneebeschaffenheit. Das gilt auch für den Aufstieg: die Fellspur sollte tief im Schnee sein, die seitliche Führung gut, die Haftung für die Felle durch weichen Untergrund fest sein. Noch schöner ist es, wenn Anfänger im leichten, plusterigen Neuschnee sich selbst abschnittsweise eine Spur legen können.

• Natürlich muss die erste Abfahrt gelingen. Es sollte Spaß machen, in den Schnee zu fallen, weil er weich und flauschig ist. Aber es wäre nicht schlecht, wenn Richtungsänderungen gelingen und sich so die Angst in Grenzen hielte, ungewollt an einem Baum zu landen.

• Voraussetzung ist nicht allein passender Schnee, sondern auch freies Gelände. Die erste Tour sollte über mittelsteiles, offenes Almgelände führen. Die Spur benötigt keine Spitzkehren, sondern schwingt sich sanft durchs Gelände. An keiner Stelle rutschen die Felle zurück. Vorbei geht's an Waldrändern, über Almen, an Hütten mit braun gebranntem Holz. Immer wieder ergeben sich überraschende Perspektivwechsel.

- Die erste Tour darf nicht zu lange sein. Was später flutscht, geht anfangs umständlich und langsam. 500 Höhenmeter sind genug. Besser man hat Zeit für Pausen und für Stürze mit anschließendem Aufrappeln. Oder für Gespräche.
- Das Naturerlebnis sollte stimmen. Bei allem beschäftigt sein mit der Ausrüstung und dem Skikönnen muss der Blick für die Stimmung der Natur frei sein.
- Auch Firnschnee eignet sich für die erste Tour, da das Spuren einfach ist und auch die Abfahrt eher Pistenverhältnissen gleicht.
- Bei Lawinengefahr verzichten! Die erste Tour darf nicht durch eine permanente Bedrohung belastet sein.

Welche Ausrüstung brauchen Kinder / Jugendliche für die erste Tour?

- Auch aus Kostengründen verwendet man zunächst die eigenen Pistenskier – oder sein Snowboard. Jede Umstellung auf ein ungewohntes Fahrgerät verunsichert den Neuling.
- Um aufsteigen zu können, läuft der Snowboarder mit Schneeschuhen, der Skitourengeher aber verwendetet eine Secura-Fix-Einsteck-Bindung. Diese wird ohne weiteres Verstellen in die Pistenbindung eingerastet, gibt die Ferse im Aufstieg frei und wird vor der Abfahrt wieder entfernt. Der Abfahrende steigt in seine vertraute und auf ihn eingestellte Sicherheitsbindung.
- Obwohl Pistenskischuhe steif und manchmal schwer sind, werden sie verwendet. Der Softboarder hat's da besser: er läuft in einem weichen, leichten Schuh.
- Auch die Skistöcke sind die des Pistenskilaufs, wobei Teleskopstöcke für den Aufstieg länger gestellt werden. Der Snowboarder braucht für das Schneeschuhgehen unbedingt Stöcke.

Die Rast bedeutet nicht nur Trinken und Essen – auch Spielen

Einfache Skitouren lassen sich gut verbinden …

… mit Spielaktionen

Unter einer Wetterfichte wird ein Nachtplatz vorbereitet

Eine kreative Spuranlage erhöht den Erlebniswert

- Die Kleidung sollte atmungsaktiv sein, im Aufstieg geöffnet oder ausgezogen, auf der Abfahrt aber wieder schneedicht verschlossen werden können.
- Kinder, aber auch Jugendliche sollten anfangs so wenig wie möglich Rucksack tragen. Mehr als 10 % des Körpergewichts werden beim Gehen und Fahren als hinderlich empfunden. Andererseits sollten Kleidungsstücke verstaut werden können, Platz für eine große Trinkflasche sein und auch eine Brotzeit ist auf einer Halbtagestour unabdingbar.
- Wichtig sind Sonnenschutz, Creme, Lippenschutz und Sonnenbrille. Letztere dient notfalls auch auf der Abfahrt als Schutz gegen Schneeflocken.
- Handschuhe und Mütze sind obligatorisch.
- Für jeden ein VS-Gerät, denn selbst wenn in Einzelfällen darauf verzichtet werden könnte, sollte es aus „Konsequenzgründen" auf jeder Tour eingeschaltet sein.

Die letzte Alm beschützt und hat ein ersteigbares Dach

Wie motiviert man Kinder und Jugendliche zum Tourenskilauf?

- Wenn eine Vorspannung erzeugt wird, indem man von abenteuerlichen Touren erzählt, von verwegenen Abfahrten im stäubenden Schnee, dann horchen die Jungen auf, werden neugierig.
- Die Tour in der Gruppe, möglichst mit anderen Gleichaltrigen, macht viel mehr Spaß, als wenn nur mit den Eltern gegangen wird.
- Das Wetter sollte schön sein. Vor allem bei der Abfahrt sind ausgeleuchtete Flächen ein großer Vorteil. Aber es eignet sich auch Schneefall, weil er oft das spannendere Naturerlebnis beschert: Geräusche werden geschluckt, alles sieht verwunschen aus, Bäume und Gelände werden von der Phantasie zusätzlich verformt.
- Das Tempo sollte beschaulich sein. Ein gleichmäßiger Trott ist gerade recht, der es während des Gehens zulässt, dass man redet, aber auch Zeit bietet, alles anzuschauen, woran man vorbei läuft und worauf man neugierig ist.

- Die Spur ist flach zu halten, so dass ein Zurückrutschen in der Spur nicht in Frage kommt. Sie sollte aber auch, so oft es geht, neu gelegt sein. Eine frische Spur, selbst wenn sie unweit einer bestehenden liegt, erlaubt für Kindern und Jugendliche Wichtiges: sie führt an interessanten Stellen vorbei, berührt den Waldrand, umkurvt einen frei stehenden Baum, gibt den Blick in ein zugewehtes Bachbett frei, findet schöne Rastplätze. Und erlaubt ihnen, selbst eine Spur anzulegen.

- Lange Pausen sind wichtig. Sie dienen nicht allein dem Ausruhen, sondern auch dem Spielen. Vor allem Kinder wollen Schneehöhlen oder Figuren bauen, wollen in der näheren Umgebung stöbern, Tierfährten auskundschaften, Sprungschanzen bauen, u. ä.

- Der Gipfel muss nicht das Ziel sein. Der interessante Weg, das Erlebte, die in Kinderaugen kühne Abfahrt sind viel wichtiger.

- Wird die ganze Tour in eine Spielaktion eingekleidet, dann fällt Motivation noch leichter, weil vor allem die kindliche Phantasie fortwährend Neues produziert und das vielleicht anstrengende Aufsteigen in ein Spiel einordnet. Die Spielidee (siehe Baustein „Spielaktionen") sollte altersgerecht sein.

- Als Gruppe bleibt man geschlossen; Kinder lieben es gar nicht, zurückgelassen zu werden oder laufend vor Augen geführt zu bekommen, dass sie ein Hemmschuh sind.

- Jeder wird gerne gelobt, es sollte aber echt sein. Und wer die erste Tour hoch stapft, hat Lob verdient.

Markante Punkte im Gelände eignen sich als Rastplatz

Auf der Tour
- Die Gruppe in die richtige Reihenfolge bringen: Kinder wollen hinter dem „Führer" gehen; Jugendliche selbst spuren.

- Die VS-Geräte werden eingeschaltet und ihre Funktionen überprüft

- Am Ausgangspunkt wird per Augenschein die geplante Route mittels Landkarte und Augenschein überprüft und allen grob erklärt, wohin es geht.

- Wenn die vorhandene Spur nicht den eigenen Vorstellungen entspricht, wird eine eigene gelegt.
- Die Gruppe darf an Führungsüberlegungen teilhaben, aber der Gruppenleiter sollte keinen psychischen Druck erzeugen.
- Der Führende sorgt für eine lockere Stimmung und fängt die in kurzer Zeit zwischen Euphorie und Verzweiflung schwankende Gemütslage der Kinder / Jugendlichen auf.
- Es wird darauf geachtet, dass keine Lebensräume von Tieren unnötig verletzt werden; auf Tierspuren wird geachtet, die Begegnung mit Tieren als besonderes Erlebnis verstanden. Kinder lassen sich davon sehr berühren und verhalten sich bereitwillig so, wie es für die Tiere gut ist.
- Tun sich während der Tour unvorhergesehene Gefahren auf, so sollte man auch ihren Abbruch nicht scheuen. Für Kinder ist Umkehren kein Ehrverlust.
- Bei schwierigen Verhältnissen kann bei der Abfahrt auch Spur gefahren werden. Dies erleichtert dem Anfänger das Anlegen einer passenden Abfahrtsspur und die Kontrolle des Tempos.

Bei schwieriger Abfahrt kann auch Spur gefahren werden.

Baustein
Entspannen

Entspannungstrainingstraining am Abend

1. Was ist Entspannung?

Relaxen, gelöst sein, an nichts denken müssen... – das verbinden wohl die meisten mit Entspannung. Als Bestandteil einer Winterfreizeit kann sie den Abschluss eines Tages bilden. Sie führt nach einem anstrengenden Tag nicht nur zu einer schnelleren Erholung des Körpers (Verringerung der Muskelspannung, Stressreduktion), sondern sie ermöglicht ein Abschalten vom Alltag, verbessert Körpergefühl und Lebensqualität und steigert das Konzentrations- und Leistungsvermögen der Jugendlichen.

In der Woche erleben die Jugendlichen einen konstanten Wechsel zwischen Spannungs- und Entspannungsphasen, wobei gerade entspannende Einheiten oft Phasen intensiver Wahrnehmung sein können.

2. Was wird benötigt?

Folgende „Ausrüstungsgegenstände" werden gebraucht:
- Ruhiger, abgeschlossener Raum
- Isomatte + evtl. Kopfkissen
- 1 Taschenlampe
- Musikanlage + CDs (Vorschläge im Anhang)

Die Teilnahme am Entspannungstraining sollte jedem freigestellt sein. Gut ist ein Zeitpunkt kurz vor der Bettruhe. Das hat den Vorteil, dass im Haus bereits eine gewisse Ruhe eingekehrt ist und weniger Nebengeräusche stören. Die Jugendlichen sollen dazu eine Isomatte und evtl. ein Kopfkissen mitbringen, um es sich in Rückenlage ausgestreckt auf dem Boden so gemütlich wie möglich zu machen.

Zur Einstimmung auf die Entspannung wird eine CD mit beruhigender Musik eingelegt, die im Raum eine gemütliche und erholsame Atmosphäre verbreitet. Die Teilnehmer schließen die Augen und konzentrieren sich auf die eigene Atmung. Sobald Ruhe eingetreten ist, wird mit der Entspannung begonnen.

Tipp: Durch anfängliches Kichern und Unruhe zu Beginn sollte man sich als Leiter nicht verunsichern lassen. Nach einer kurzen Eingewöhnungszeit gibt sich das von selbst.

3. Entspannungsmethoden

Die nachfolgend beschriebenen Inhalte und Methoden der Entspannung sind jugendgerecht gestaltet. Die Entspannungsmethoden können ohne Vorkenntnisse der Jugendlichen bzw. der Leiter umgesetzt werden. Die Entspannung soll gefühlsbetont sein, soziale Kontakte und das Gemeinschaftsgefühl fördern.
Die folgenden Geschichten und Übungsanleitungen werden ruhig, sanft, betont und langsam vorgelesen. Entspannungsmusik im Hintergrund unterstützt die Atmosphäre. Es ist von Vorteil, wenn das Licht im Raum abgeschaltet werden kann. In diesem Fall muss der Leiter das Entspannungstraining mit einer Taschenlampe leiten.

• Fantasiereise
Eine Entspannungsmethode ist das Vorlesen einer Fantasiereise. Die Zuhörer haben hier die Möglichkeit, sich entweder an die vorgegebenen Bilder zu halten oder aber in der eigenen Fantasie „spazieren zu gehen". Durch das „Reisen" kann die eigene, oftmals etwas verkümmerte Fantasie der Jugendlichen verstärkt angeregt werden. Dadurch wird die Erlebnis- und Wahrnehmungsfähigkeit wieder erweitert. Durch Vorstellungskraft und Fantasie kann mit Hilfe der vorgelesenen Fantasiereisen eine engere Beziehung zur Natur hergestellt werden.

Als Texte eignen sich **„Steigen und Rutschen",** der **„Winterwunderwald"** oder auch die **Baummeditation**.

Der Text **„Steigen und Rutschen"** versetzt die Jugendlichen in eine romantische Winterlandschaft und erinnert an vergangene Kindheitserlebnisse in der Natur oder an die nicht minder winterlichen Erlebnisse des zurückliegenden Tages.

Beim **„Winterwunderwald"** verreisen die Jugendlichen in den Lebensraum Wald und erinnern sich an verschiedene Erlebnisse, z.B. die Berührung von Bäumen. Beim Nachdenken sehen sie den Tag noch einmal mit anderen Augen.

Am Ende der Fantasiereise wird den Jugendlichen die Möglichkeit gegeben, sich wieder auf den eigenen Körper und die eigene Atmung zu konzentrieren. Das „Aufwachen" aus der Entspannung wird durch ein Strecken des Körpers und das Öffnen der Augen eingeleitet.

• Spielerische Massage

Eine weitere einfache Entspannungsmethode ist die spielerische Massage. Das gegenseitige Massieren fördert vor allem den sozialen Kontakt zwischen den Jugendlichen, erweitert aber auch das eigene Körperbewusstsein. Neben gegenseitigem Vertrauen muss vom Partner Verantwortung für ein gefühlvolles Massieren übernommen werden.

Die Teilnehmer legen sich bequem auf den Boden, während ihre Partner/innen daneben kniend den praktischen Anweisungen folgen, die vorgelesen werden. Zur Wahl stehen die Schneefall-Massage und die Kuchenbacken-Massage.

Partnerwechsel nicht vergessen!

Im Anschluss an das Entspannungstraining begeben sich die Jugendlichen ins Bett. Bei der Fantasiereise kann es vorkommen, dass Teilnehmer/innen einschlafen. Dieser Effekt zeigt, dass das Entspannungstraining seine Wirkung nicht verfehlt hat.

Fazit: Anfangs fällt es einigen schwer, in Anwesenheit anderer die Augen zu schließen und sich voll und ganz zu entspannen. Sobald die Anlaufschwierigkeiten gemeistert sind, lassen sich viele Jugendliche für das Entspannungstraining begeistern.

Entspannen und Relaxen

STEIGEN UND RUTSCHEN

Winter. Alles ist tief verschneit.
Um dich Berge, Weiß in Weiß.
Der Schnee liegt meterhoch.
Die Fichtenäste biegen sich unter der Last.
Auf den Zäunen bauschen sich die Hauben.
Schräge Sonnenstrahlen gleißen.
Schneekristalle glitzern.

Kaum ein Laut ist zu hören, alles ist gedämpft.
Schneeflocken landen sanft, der Wind säuselt.
Auch du bist leise, gebannt, im Inneren ganz ruhig.

Du gehst im Schnee. Deine Schritte knirschen kaum. Du gehst bergauf,
jeder Schritt ein halber Meter. Du ziehst einen Bob an deiner Schnur,
holst ihn immer wieder in die Spur.
Dick bist du eingehüllt, dir ist warm.
Nur im Gesicht spürst du den eiskalten Hauch des Schnees.
Doch streichelt dich dein warmer Atem.
Du fühlst dich wieder wie ein Kind. Es stapft mit leuchtenden Augen.

Das Steigen ist gleichmäßig. Und doch kommt dein Puls in Schwung.
Auch dein Atem ist jetzt zu hören.
In gleichen Stößen steigen kleine Wolken auf
und schweben davon.
Dir wird warm, du spürst dein Blut.
Die kalte Winterluft tut gut und kühlt.
Du spürst deinen Körper, wie er pocht, wie er funktioniert.
Ungläubig und froh zugleich.

Der Weg biegt sich. Die Bäume treten zur Seite.
Es öffnet sich der Blick auf die Landschaft.
In Sonnenlicht gegossene Hänge,
dunkler die Fichtenwälder,
gegen den Himmel abgehoben die Kammlinien,
in die Ferne immer blasser werdend.
Und du eingehüllt mitten darin.
Du könntest die Augen schließen und träumen.

Und doch gehst du weiter.
Allmählich spürst du dein Tempo.
Die Beine wiegen mehr. Du denkst:
Jetzt sich fallen lassen in den weichen Schnee.
Kein Aufprall, kein Schmerz.
Alles wäre weich und wohl.
Ob man dann einschliefe?
Die Gedanken machen auch dich müde. Du bist müde.
Du hebst den Kopf: endlich oben.
Tief atmest du durch. Die Lungen füllen sich mit Luft.
Du lässt dich auf den Schlitten fallen.
Die Tiefe zieht dich magisch an.
Mit drei vier Stößen schiebst du an.
Langsam erst setzt du dich in Fahrt.
Doch rasch fliegt vorbei die Landschaft.
Bäume, tief verschneit, Hügel, Mulden.
Nicht mehr du bist Herr über deinen Bob,
er reißt dich mit, als sei er ein galoppierendes Tier.

Nur kurz hast du Angst. Dann spürst du,
dass du lenken kannst und er dir gehorcht.
Du möchtest jauchzen, doch reißt dir der
Fahrtwind die Laute vom Mund.
Es ist als flögest du, als stürzten die Dinge auf dich ein.
Und doch fühlst du dich sicher.
Und gleichzeitig prickelnde Angst.

Flacher wird jetzt der Hang, weicher die Stöße.
Die wilde Fahrt lässt nach.
Zu nimmt das Gefühl,
alles wird gut. Statt zu stürzen gleiten die Dinge.
Du fühlst wohliges Glück, als schwebtest du ohne Laut.

Noch möchtest du nicht, dass es ausläuft,
fürchtest den Stillstand.
Du schließt die Augen, verlierst Oben und Unten.
Und dann stehst du.

Still.
Du atmest jetzt ruhig, bist schwer.
Deine Muskeln lassen los, entspannen.
Still stehst du.
Alles ist still.

WINTERWUNDERWALD

Du bist in einem Wald –
unter deinen Füßen knirscht leise der Schnee –
du hast Zeit und Ruhe, dich umzuschauen –

die Bäume tragen viel Schnee –
ihre Äste neigen sich tief –
die kleinen Tannen verbergen sich schemenhaft –

Neben dir ein großer Nadelbaum –
du siehst seinen Stamm –
dein Blick gleitet langsam empor –
dein Blick bleibt in den vielen Zweigen hängen –
wie viele Formen haben die Äste –
ganz oben blinzelt die Sonne hindurch –

du gehst langsam weiter –
Licht und Schatten wechseln sich ab –
von weitem siehst du eine Lichtung –
du schlenderst auf sie zu –

nun bist du dort –
sie liegt hell und sonnig vor dir –
was mag sich unter der Schneedecke verbergen?

du setzt dich an einen Baumstamm –
spürst die Rinde an deinem Rücken –
den kühlen Schnee an den Beinen –
du hörst die Stille –

ein leichter Wind –
der Schnee von den Zweigen rieselt herunter –
glitzernd –
es prickelt in deinem Gesicht –

alles ist Ruhe –
du bist schwer, warm und ruhig –
du bist ganz ruhig und entspannt –

SCHNEEFALL-MASSAGE

Text	Aktion
Ein Tag im Januar. Ein leichter Wind weht und es ziehen langsam graue Schneewolken über das Land...	*Die Finger gleiten mit leichtem Druck über den Rücken.*
Der Wind wird stärker, fast schon zum Sturm und immer mehr graue Schneewolken ziehen auf...	*Mit immer mehr Druck und in schnellerer Bewegung wird der ganze Rücken mit Streichbewegungen bearbeitet.*
Langsam beginnen die ersten Schneeflocken zu fallen. Eine nach der anderen Flocke sinkt auf den Boden...	*Mit dem Zeigefinger „fallen" die Schneeflocken nacheinander auf den Kopf, in den Nacken, auf den Rücken auf Arme und Beine.*
Immer dichter wird der Schneefall...	*Immer mehr Fingerspitzen berühren mit erhöhtem Druck Kopf, Nacken, Rücken, Arme und Beine.*
Aus dem anfänglich nur leichten Schneefall wird nach und nach ein richtiges Schneegestöber und der Schnee fegt über den Boden...	*Mit beiden flachen Händen über den gesamten Körper „fegen", auch über Beine und Arme.*
Doch bald schon hört der Schneesturm wieder auf. Nur noch vereinzelt fällt hier und da noch eine Schneeflocke...	*Die Prozedur wird nach und nach mit weniger Druck ausgeführt, bis nur noch vereinzelt die Spitzen der Zeigefinger den Körper berühren.*
Ein leichter Wind kommt auf. Er weht über das verschneite Land und vertreibt die letzten Wolken am Himmel...	*Beide Hände streichen leicht über den Rücken und streichen die Wolken weg.*
Die Sonne zeigt sich am strahlend blauen Himmel. Sie taucht die verschneite Landschaft in ein goldenes Licht und schafft in Windeseile eine wohlige Wärme...	*Fest die Handflächen aneinander reiben bis sie heiß sind, dann flach auf den Rücken drücken, so dass die Wärme der Hände auf den Rücken strahlt. Langsam die Hände vom Rücken nehmen und noch eine Weile über den Körper halten wie eine „Sonne".*

KUCHENBACKEN-MASSAGE

Text	Aktion
Wir backen einen Zwetschgenkuchen aus Hefeteig auf dem Backblech. Das Blech richten wir her: wir säubern es unter fließendem warmem Wasser	*Alle Finger huschen wellenförmig über den Rücken. Von oben nach unten, das fließende Wasser nachahmend.*
Nun wird es mit dem Schwamm abgerieben. Einige Schmutzflecken sind beharrlich.	*Mit aufgestellten Fingern oder leicht geballten Fäusten wird der Rücken „gebürstet".*
Der Kuchenteig muss noch einmal durchgeknetet werden, damit er geschmeidig wird.	*Sanft beginnen wir mit geballten Fäusten den Rücken zu walken. Allmählich verstärken wir den Druck.*
Der Teig wird auf dem Kuchenblech flach gedrückt und über die ganze Fläche verteilt. Vor allem die Ecken und die Ränder müssen bedeckt sein.	*Mit flachen und beiden Händen schieben wir über den Rücken. Nach allen Seiten, von oben nach unten, zu den Seiten hin. Der Druck verstärkt sich allmählich.*
Auf den Teigboden verstreichen wir eine Quark-Sahne-Creme. Sie sollte überall gleich hoch sein.	*Sanft streichen wir mit den Fingerspitzen über den Rücken, kreiselnd, schiebend, ziehend.*
Jetzt verteilen wir die halbierten Pflaumen über die ganze Fläche, drücken sie in die Creme ein.	*Mit beiden Händen drücken wir mit den Fingerspitzen „Dellen" in den Rücken. Alle Partien werden berührt. Der Druck kann wechseln.*
Zur Garnierung geben wir zwischen die Pflaumen ganze Nüsse.	*Diesmal nehmen wir die Fingerspitzen und bohren sie sanft in den Rücken. Die „Bohrstellen" wechseln überraschend.*
Jetzt fehlen noch Zucker und Mandelsplitter. Wir streuen sie gleichmäßig über den Kuchen.	*Die Fingerspitzen trommeln über den Rücken. Dabei nehmen Tempo und Druck zu. Am Ende scheint´s ein Gewitter zu sein.*
Der Kuchen ist fertig belegt. Er darf etwas ruhen.	*Die Hände liegen flach auf dem Rücken und ruhen unter leichtem Druck. Die Stellen wechseln sich ab. Endlich darf der Kuchen in den Herd. Wir schieben ihn tief hinein. Er wird backen. Und dann wird er dampfend und duftend am Tisch stehen. Belde werden mlt festem Druck mehrmals flach auf dem Rücken nach oben geschoben. Am Ende drücken die flache, erwärmten Hände den Rücken „warm".*

BAUMMEDITATION

„Ich mache es mir ganz bequem
und spüre meinen Atem.
Ich entspanne meinen Körper...
Ich lockere meine Muskeln...

Es ist warm,
ich liege vollkommen entspannt
auf dem Rücken im Wasser eines Flusses.
Ich treibe langsam diesen Fluss hinunter...
Die Sonne scheint, es ist angenehm warm.
Am Himmel ziehen einige weiße Wolken...
Ich treibe vorbei an schönen Ufern.
Ich bemerke, dass der Fluss schmaler wird.
Ich treibe entspannt weiter...
Über mir der Himmel und die Wolken,
an den Ufern stehen Bäume,
und der Fluss wird zu einem Bach.
Das Wasser wird seichter, und ich spüre,
wie ich ganz sanft auf einer Sandbank aufliege...
Ich stehe auf und gehe ans Ufer.

Ich bin auf einer Wiese und gehe über diese Wiese...

Ich entdecke einen wunderschönen Baum.
Ich gehe ganz dicht an diesen Baum heran
Und spüre seine Energie...
Ich berühre seine Rinde...
Allmählich verwandle ich mich in diesen Baum...

(einige Sekunden Pause)

Ich bin dieser Baum...
Ich fühle und empfinde als Baum...
Ich stelle mir vor, wie es gerade Frühling wird...
Ich spüre die ersten wärmenden Strahlen
der Frühlingssonne,
es weht ein sanfter, milder Wind...

Meine Aufmerksamkeit geht zu meinen Wurzeln...
Mit den Spitzen meiner Wurzeln
entziehe ich dem Boden Nährstoffe.
Ich spüre Wärme und Energie durch meine Wurzeln
fließen.
Diese Energie strömt nun meinen Stamm hinauf...
in meinen Ästen und Zweigen,
bis in deren äußersten Spitzen...
Mit jedem Atemzug spüre ich diese Energie mehr.
Überall an meinen Ästen und Zweigen
beginnen junge Blätter zu sprießen...
klein und ganz zart...

Die Blätter wachsen, werden größer...
Mit meinen Blättern fange ich das Wasser des Regens
auf und leite es
hinunter zu meinen Wurzeln...
Mit meinen Blättern verwandle ich
das Licht der Sonne in Energie,
die ich zum Leben brauche...
ich kann nun auch diese Energie wahrnehmen,
wie sie von meinen Blättern aus
durch meine Zweige und Äste
in meinen Stamm hineinströmt.

In mir ist ein Kreislauf von Wärme,
Energie und Harmonie...
Ich spüre in mich hinein...

Nun bilden sich überall an meinen Ästen
junge Knospen, immer mehr...
Diese Knospen wachsen, werden größer,
platzen auf und es zeigen sich
wunderschöne Blüten....
Von Atemzug zu Atemzug mehr Blüten...
Ich stehe nun da, in voller Blüte,
groß und stark und sehr schön...
In mir ist Wärme und Harmonie,
ich genieße es, so dazustehen, in voller Blüte.
Ich spüre in mich hinein...
Ich richte meine Aufmerksamkeit nach Innen
zu meinen weitverzweigten Wurzeln,
in meinen starken Stamm,
in meine Äste und Zweige,
in meine Blätter und Blüten.

Ein warmer Strom von Energie durchströmt
mein ganzes Sein.
Und auch, wenn ich jetzt nach außen schaue,
erkenne ich, dass alles, meine ganze Umgebung,
von dieser Energie durchströmt wird...
Wie alles andere ebenfalls blüht und wächst...
Es ist wunderschön, das zu sehen...

Die Tage werden nun länger,
die Sonne spendet mehr Wärme,
von Tag zu Tag mehr, mit jedem
meiner Atemzüge kann ich das spüren...
Die Energie in meinem Inneren wird stärker...
meine Wurzeln dehnen sich aus
in der warmen Erde...
Alles an mir scheint sich auszudehnen, zu weiten...
Meine Blätter werden grüner, kräftiger...
Und aus meinen Blüten sind kleine Früchte geworden,
die allmählich heranreifen...

Ich kann von innen spüren, wie sie wachsen,
und wenn der Wind in meinen Zweigen spielt,
merke ich das Gewicht meiner Früchte.

Die Sonne ist ganz warm,
und mit meiner weit ausladenden Krone
spende ich Schatten für jeden,
der sich bei mir ausruhen möchte.
Ruhe und Gelassenheit durchströmen mein ganzes Sein.
Ich bin stark und nehme am Leben teil.
Ich genieße jeden Tag dieses Lebens...
Ich spüre die Wärme der Erde und meine Wurzeln...
Ich fühle die Sonne...
Den Regen und den Wind,
den Kreislauf der gesamten Natur...

So vergeht der Sommer,
meine Früchte sind reif geworden,
sie hängen schwer an meinen Ästen,
bereit für die Ernte...

Ich bin ruhig und gelassen,
ein Teil dieser Existenz...
Der Sommer ist zu Ende,
und ganz langsam beginnen meine Blätter,
sich zu verfärben. Sie werden
goldgelb, rot und braun..
Die Sonne ist immer noch warm,
aber die Tage werden kürzer,
und der Wind weht stärker.

Ruhig stehe ich da, tief verwurzelt in der Erde,
und fühle, wie sich meine Blätter
von den Zweigen lösen, hinunterschweben,
vom Wind getragen zu Boden sinken,
wie etwas Wesentliches, das nun unwesentlich
geworden ist, bis der ganze
Erdboden bedeckt ist mit einer Schicht
von Laub, meinem Laub...

Und ich weiß jetzt auch,
dass die Zeit gekommen ist,
wo ich mich ausruhen kann,
in der ich mich in mich selbst zurückziehen kann,
ganz bei mir sein kann...

Der Wind weht durch meine Äste und Zweige,
nun ein kälterer Wind,
aber in mir ist eine sanfte, ruhige Energie.
Sonne, Wind und Regen kommen und gehen,
und wenn es jetzt Winter wird,
kann ich ganz in mir ruhen, mich ausruhen...

Es schneit...
Schneeflocken fallen vom Himmel
und bedecken bald das ganze Land...
Auch meine Äste und Zweige...
Tief in mir fühle ich diese warme,
sanfte Energie, die mir sagt,
dass ich lebe, dass ich ein Teil der Natur bin...
Ich weiß, ich bin ein Teil dieser Existenz,
und diese Existenz sorgt für mich...

Und wenn es jetzt langsam wieder Frühling wird,
die Sonne wärmer scheint,
die Luft milder ist,
bin ich ausgeruht, entspannt
und bereit, den Kreislauf des Lebens
erneut zu spüren...

Diese Bereitschaft nehme ich auch mit,
wenn ich mich zurückverwandle in den, der ich bin...

Und wenn ich das jetzt tue,
so bedanke ich mich bei dem Baum,
von dem ich so vieles lernen durfte...
Und nachdem ich mich bedankt habe,
kehre ich mit meinem guten Gefühl zurück
an die Oberfläche des Seins...
In das Hier und Jetzt."

Musikvorschläge:
• Oliver Shanti & Friends: Well Balanced
• Beautiful World: In Existence
• Deep Forest: Sweet Lullaby
• Art of Noise: Moments in Love

Baustein
Wetter

Vorbemerkung

Zugegeben: trotz aller weltumspannender Datenmessung und -Auswertung, Sekunden schneller Übertragung etc. bleibt das Wetter vor allem in unseren Breiten ein chaotisches System, schwer berechenbar, launisch, immer wieder unsere Freizeitaktivitäten bestimmend. Einmal liegt Weihnachten genug Schnee, um alles umsetzen zu können, was in diesem Buch beschrieben ist, ein andermal löst ihn warmer Regen in ein enttäuschendes Nichts auf.

Aber auch für allerhand **winterliche Gefahren** ist das Wetter verantwortlich:
- Es hilft über Niederschlag, Wind und Temperatur die Lawinen bilden.
- Die winterliche Kälte bedroht uns mit Erfrieren.
- Aber auch Sonnenschein kann im Winter durch die hohe Reflektion gefährlich sein.

Wer **Naturerlebnisse** planen will, muss sich um das Wetter kümmern. Dabei geht es nicht allein darum, das Wetter einigermaßen zuverlässig vorhersagen zu können, um Gefahren vorzubeugen, sondern der Erfolg vieler Aktionen ist von der Passung, also der Übereinstimmung mit dem Wetter abhängig. Wobei das Besondere am Winterwetter darin besteht, dass fast jedes Wetter sich eignet, um mit der Materie Schnee umzugehen. Selbst bei Schneesturm lässt sich wandern. Gibt es etwas Schöneres als im bauchtiefen Neuschnee eine Höhle zu schaufeln?
Wenn also Regen im Sommer „outdoor"-Aktivitäten sehr einschränkt, dann gewinnt die Winterfreizeit durch alle Niederschläge, die als Schnee fallen.
Doch ist das Wetter nicht nur wichtiger Rahmen, sondern auch Selbstzweck.
Vor allem macht es Sinn, Wetterkunde anders als im Erdkunde- oder Physikunterricht an der Praxis zu orientieren.
Dabei werden eigene Wetterbeobachtungen und -Messungen ergänzt durch Theoriewissen und professionelle Wettervorhersage. Da die Gruppenmitglieder jeden Tag im Freien sind und die Folgen des Wetters hautnah und in lückenloser Folge erleben, ergibt sich auch eine besonders intensive Wechselwirkung, die sich nicht zuletzt in höherer Lernmotivation und im Verstehen von Zusammenhängen niederschlägt.

Methodisches Vorgehen

Doch wie lässt sich das in **Lernschritten** bewirken?

1. Schritt:
In Kleingruppen werden über mehrere Tage täglich zu festen Zeiten (nach/vor dem Frühstück und vor dem Abendessen) folgende **Wetterfaktoren** gemessen / beobachtet:
• Luftdruck
• Temperatur
• Wind
• Bewölkung
• Wetterzeichen
Die Ergebnisse werden in vorbereiteten Tabellen festgehalten.

2. Schritt:
Täglich wird über Fax / Internet / Tageszeitung der **Wetterbericht** ausgedruckt, gelesen und interpretiert. Er wird am Schwarzen Brett allen zugänglich gemacht. Im Gruppengespräch wird er analysiert und mit eigenen Beobachtungen / Messungen verglichen. Während der Aktivitäten im Freien werden Pausen genutzt, um das Wettergeschehen zu beobachten und darüber zu fachsimpeln. Fachbegriffe, die zum Verstehen des Wetterberichts notwendig sind, werden erlernt.

3. Schritt:
Eine **Einführung in die Theorie** des Wettergeschehens erklärt die Bedeutung der Wetterfaktoren, grundlegender physikalischer Voraussetzungen und klassischer Abläufe des Wettergeschehens.

4. Schritt:
Eine **Vertiefung der Theorie** erklärt typische Großwetterlagen, etwa Föhn oder ein Winterhoch.

5. Schritt:
Nach einiger Zeit der Beobachtung und Messung werden erste eigene **Prognosen** zum Wettergeschehen des nächsten Tages abgegeben. Amtlicher Wetterbericht und tatsächliches Wetter werden dadurch bewusster wahrgenommen; beide dienen aber auch der augenfälligen Korrektur eigener Prognosen.

6. Schritt:
Alle **Ergebnisse** werden der Gesamtgruppe **präsentiert** in Form von Wandzeitungen, Schülerradio, Statements.

1. Schritt: Wetterfaktoren

Luftdruck:

wird mit dem Barometer in hPa gemessen. Er ist das wichtigste Messinstrument.

- Normaldruck auf Meereshöhe ist 1013 hPa. Der Luftdruck nimmt mit zunehmender Höhe stetig ab.
- Die Messwerte lassen Rückschlüsse zu auf:
  - Die Zugehörigkeit der gemessenen Luftmasse zu einem Hoch oder Tief.
  - Die Schichtung der Luftmasse, ob sie stabil oder labil ist.
  - Die Bereitschaft der Luft aufzusteigen oder abzusinken. Mit der Tageserwärmung sinkt der Luftdruck geringfügig.
  - Fast jede Wetteränderung kündigt sich meist Tage vorher durch ein Steigen oder Fallen des Luftdrucks an.

Lufttemperatur:

gemessen mit dem Thermometer in Grad Celsius. Beim Messen auf regelmäßige Zeiten achten (Morgen – Mittag – Abend)! Im Schatten messen!

- Die Messwerte lassen Rückschlüsse zu auf:
  - ob die Luftmasse warm oder kalt ist;
  - ob nachts die Wärme in die Atmosphäre abgestrahlt wird oder hohe Eiswolken dies verhindern;
  - auf die Abnahme der Temperatur in höheren Luftschichten;
  - auf zu erwartende Wolkenbildung;
  - auf zu erwartenden Niederschlag;
  - jede einschneidende Wetteränderung setzt eine neue Luftmasse voraus, die meist wärmer oder kälter ist.

Luftfeuchtigkeit:

gemessen mit dem Hygrometer in % relative Luftfeuchtigkeit.

- Die Messwerte lassen Rückschlüsse zu auf:
  - wie viel Prozent Wasserdampf die Luft noch aufnehmen kann, bevor sie gesättigt ist;
  - wie wahrscheinlich sich Wolken oder Nebel bilden;
  - ob sich das Wetter ändert;

Wind:

Skala 1 bis 12 oder gemessen in km/Std. Die Windstärke wird geschätzt unter Zuhilfenahme des Wolkenzugs.
- Die Windstärke hängt ab:
  - vom Luftdruckunterschied zwischen Hoch und Tief;
  - von der Entfernung zwischen Hoch und Tief;
  - vom Abstand der Isobaren zueinander.

- Die Windrichtung lässt sich erkennen:
  - am Wolkenzug;
  - an bewegten Gegenständen wie Bäumen, Fahnen etc.

Bewölkung:

der Grad der Bedeckung des Himmels wird geschätzt in Achteln.
- Wolkenarten werden nach Augenschein bestimmt:
  - die Menge jeder Art;
  - die Richtung, aus der sie kommen;
  - die Tendenz des Aufzugs;
  - die Zusammenhänge zwischen den Wolkenarten.

Niederschlag:

die Menge wird in mm gemessen. Zusätzlich wird festgestellt:
  - welcher Art der Niederschlag war;
  - seine Dauer;
  - die Tendenz.

Wetterzeichen:

meistens Beobachtungen von sekundären Wirkungen.
- sie erlauben Rückschlüsse auf physikalische Gesetzmäßigkeiten. Der Mondhof lässt auf hohe, in der Nacht sonst unsichtbare Cirrusbewölkung schließen, die häufig Vorbote einer aufziehenden Warmfront ist.
- Beispiel für Wetterzeichen sind Morgenrot, Abendrot, Taubildung, Sterneblinken, schließende Blütenkelche, Abstieg der Schafe, tief fliegende Schwalben.

Zusammenfassung:

- Messen und Beobachten schärft den Blick für die einzelnen Wetterfaktoren.
- Aufzeichnungen objektivieren und unterstützen das Gedächtnis.
- Sie machen Zusammenhänge sichtbar.
- Sie erlauben Vergleiche und Schlussfolgerungen.
- Sie stellen einfache physikalische Beobachtungen dar.

2. Schritt: Wetterbericht

- In Kleingruppen, die täglich wechseln können, wird der Wetterbericht möglichst in schriftlicher Form eingeholt. Dabei sollen neue Technologien wie Faxabruf oder das Internet benutzt werden. In vielen Einrichtungen wird das „Wetterfax" täglich ans schwarze Brett gehängt.

- Im Gespräch mit dem Gruppenleiter wird der Wetterbericht ausgewertet und in eine lokale Wettervorhersage umgesetzt. Fachbegriffe werden erklärt. Die Kleingruppe trägt der Gesamtgruppe die Wettervorhersage vor und erläutert sie.

- Während der Aktivitäten im Freien werden eigene Beobachtungen mit dem Wetterbericht verglichen, wobei anfangs es vor allem darum geht, das Vorhergesagte zu bestätigen.

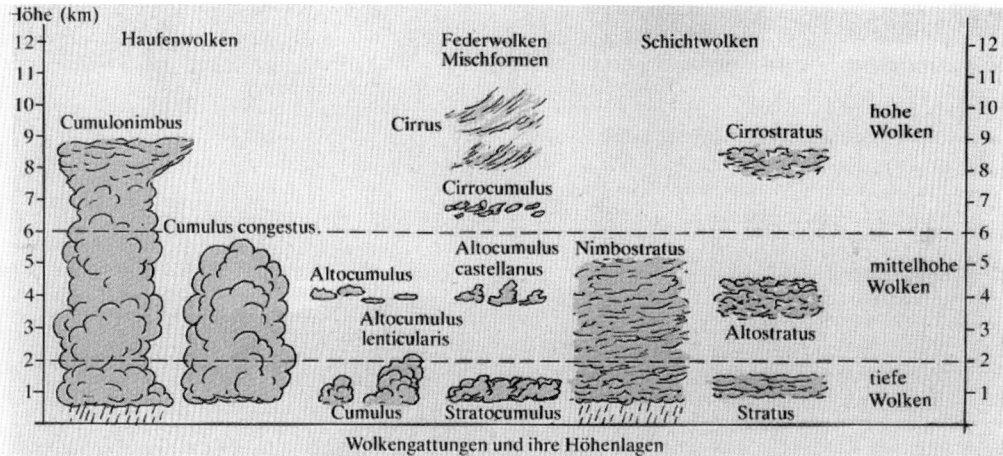

Wolkengattungen und ihre Höhenlagen

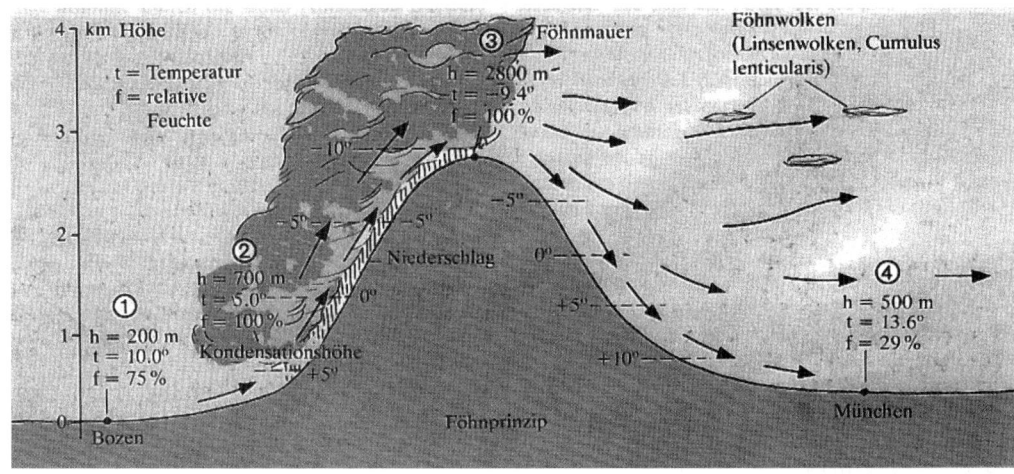

Föhnprinzip

Aktuelles Satellitenbild

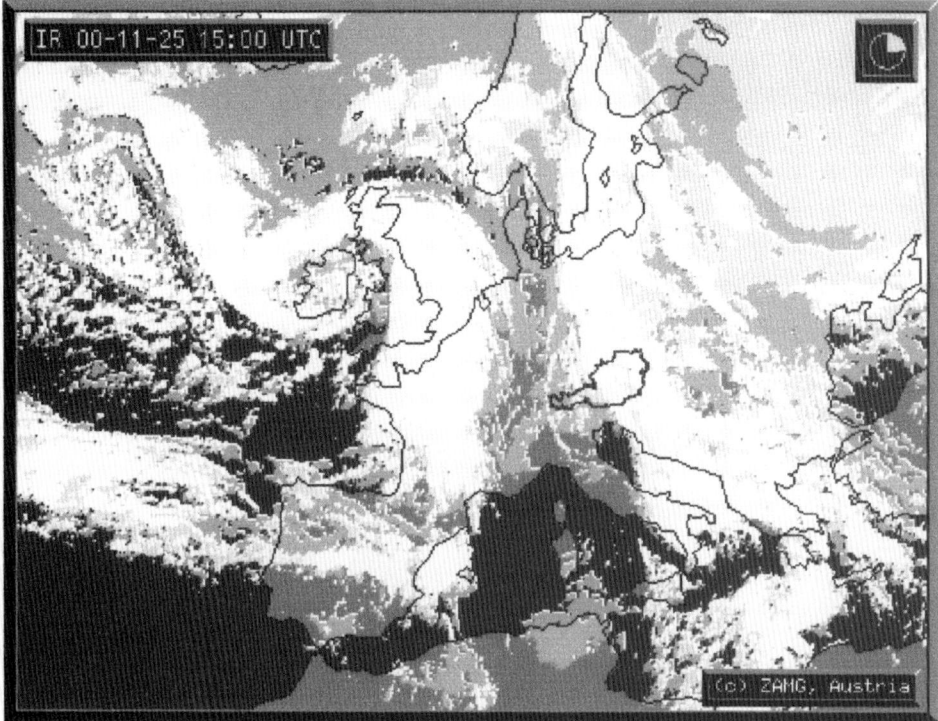

IR 00-11-25 15:00 UTC

(c) ZAMG, Austria

Alpenwetter
Samstag, 25.11.2000, 16 Uhr
erstellt von der Wetterdienststelle Innsbruck für den Alpenverein.

Wetterlage:
Die unbeständige Wettersituation setzt sich auch am Sonntag fort. Ausgehend vom Englandtief erreichen immer wieder neue Störungszonen den Alpenbogen. Davon betroffen ist haupsächlich die Alpennordseite. Die Südalpen hingegen liegen durch die zunehmende nordwestliche Höhenströmung etwas geschützter und sind daher etwas wetterbegünstigt.

Wetteraussichten für Sonntag:
Westalpen:
In den meisten Gebieten der Französischen und Schweizer Alpen am Vormittag stark bewölkt und Neigung zu Schneeschauern. Die Schneefallgrenze liegt anfangs auf etwa 1600 m, sinkt dann tagsüber auf 1000 m ab. Viel Chance auf Sonne gibt es nicht, allerdings wird es immer wieder Niederschlagspausen geben. Höchstens im Bereich zwischen Tessiner Alpen und Engadin könnte es längere Auflockerungen geben. Auf den Bergen sind starke, zum Teil auch stürmische West- bis Nordwestwinde zu erwarten. In 3000 m liegen die Temperaturen bei etwa -10°C, in 4000 m bei -17°C.

Ostalpen:

In der Nacht auf Sonntag klart es kurz auf, bevor es sich in der zweiten Nachthälfte wieder zu verdichten beginnt und erneut leichter Schneefall oberhalb von 1000 bis 1200 m einsetzt. Die Niederschläge ziehen entlang der Alpennordseite im Laufe des Vormittags Richtung Osten. Am Nachmittag gibt es dann vor allem südlich des Brenners zwischen Ortler und Marmolada vermehrt Auflockerung. Dabei werden auch viele höhere Gipfel frei werden. Die Nordalpen bleiben etwas benachteiligt, da dort mit sich verstärkender Nordströmung der Wolkenstau einsetzt. Niederschlag sollte es aber auch im Norden bis zum Abend keinen geben. Auf den Bergen weht teils stürmischer Nordwestwind bei Temperaturen um -2°C in 2000 m, -8°C in 3000 m.

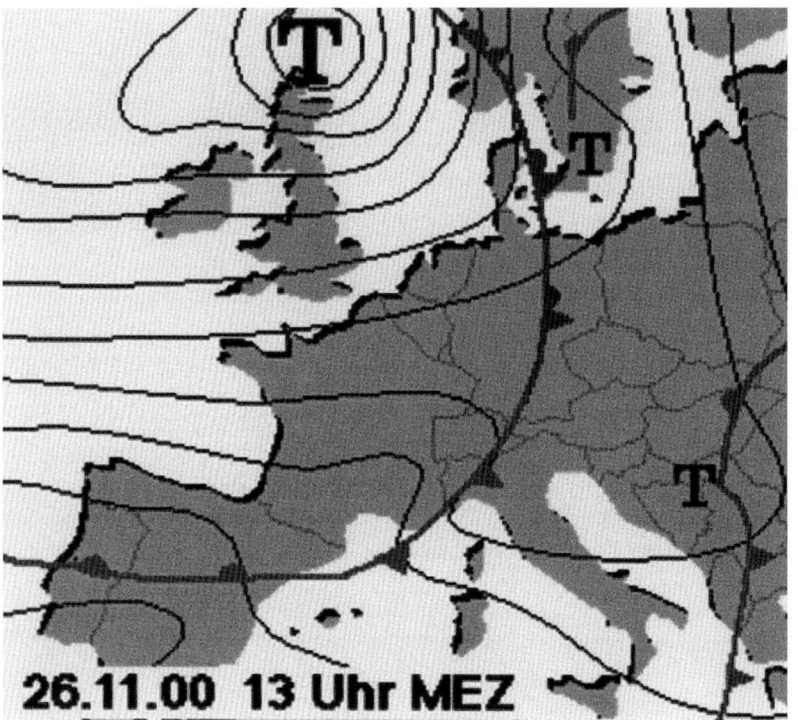

26.11.00 13 Uhr MEZ

Vorhergesagte Wetterkarte

Weitere Aussichten:

Westalpen:
Am Montag und Dienstag weiterhin wechselhaft, immer wieder Niederschlag wahrscheinlich, Alpensüdseite etwas wetterbegünstigt. Die Schneefallgrenze steigt von 1200 m auf 1800 m. Der Mittwoch voraussichtlich schon überwiegend sonnig und mild auf den Bergen.

Ostalpen:
Am Montag im Norden etwas mehr Bewölkung, tagsüber aber trocken. In Südtirol und unter Nordföhneinfluss überwiegend sonnig. Am Dienstag etwas Niederschlag mit einer Warmfront, der Süden bleibt wetterbegünstigt. Aus heutiger Sicht in der zweiten Wochenhälfte stabileres Wetter in Aussicht.

3. Schritt: Einführung in die Theorie

1. Atmosphäre
- Sonne ist Energiequelle
- Erdoberfläche und Luft werden uneinheitlich erwärmt und gespeichert
  (je nach Höhe, Reflexion, Wasserdampfgehalt, Öberflächenbeschaffenheit).
- Die Luftmassen in der Atmosphäre unterscheiden sich nach
  - Temperatur
  - Wasserdampfgehalt
  - Luftdruck
- Für das Wettergeschehen sind allein die unteren 10 000 m (Troposphäre) wichtig
- Zwischen Äquator und den Polen besteht großräumiges Wärmegefälle, was für die Entstehung von Hoch und Tief wichtig ist.
- Der Luftdruck nimmt mit der Höhe ebenso ab wie die Temperatur (0,6 – 0,9°C).
- Der Sonnenstand mit sich änderndem Einstrahlwinkel und variabler Tageslänge verursacht die Jahreszeiten.
- Luftmassen, die sich in Luftdruck und Temperatur unterscheiden, beeinflussen sich gegenseitig:
  - kalte Luft ist schwerer und sinkt ab;
  - warme dagegen steigt auf;
  - Luft höheren Drucks strömt in Gebiete tieferen Drucks.
- <u>Wichtig</u>: alle Ausgleichsbewegungen führen nie oder nur kurzzeitig zum Gleichgewicht.

2. Hoch und Tief
- Die Alpen liegen in einer subpolaren Tiefdruckrinne, die sich folgendermaßen auszeichnet:
  - sie ist Mischgebiet für kalte und warme Luftmassen;
  - in ihr gelangen feuchte Luftmassen vom Atlantik auf das europäische Festland;
  - in ihr ziehen diese Tiefs von West nach Ost.

- Was ist ein Tief?
  - eine wandernde Luftmasse, die das Wettergeschehen bestimmt;
  - entsteht in der Gegend von Neufundland und Grönland und wandert nach Europa;
  - entsteht durch das Zusammentreffen kalter Polarluft und warmer subtropischer Luft;
  - erzeugt unbeständiges Wetter.

• Was geht im Tief vor sich?

– an der Warmfront (vorne) gleitet Warmluft auf Kaltluft auf;

– an der Kaltfront (hinten) hebt die Kaltluft die Warmluft vom Boden ab;

– die Kaltfront bewegt sich schneller und holt die Warmfront allmählich ein;

– hat die Kalt- die Warmfront eingeholt, spricht man von Okklusion;

– an den Fronten bilden kalte und warme Luft Aufgleitflächen, deren Steilheit das Tempo des Auftriebs der Warmluft bestimmt;

– an den Fronten bilden sich Wolken und Niederschlag;

– zwischen Warm- und Kaltfront herrscht vorübergehend schönes Wetter.

Durchzug eines Tiefdruckgebietes

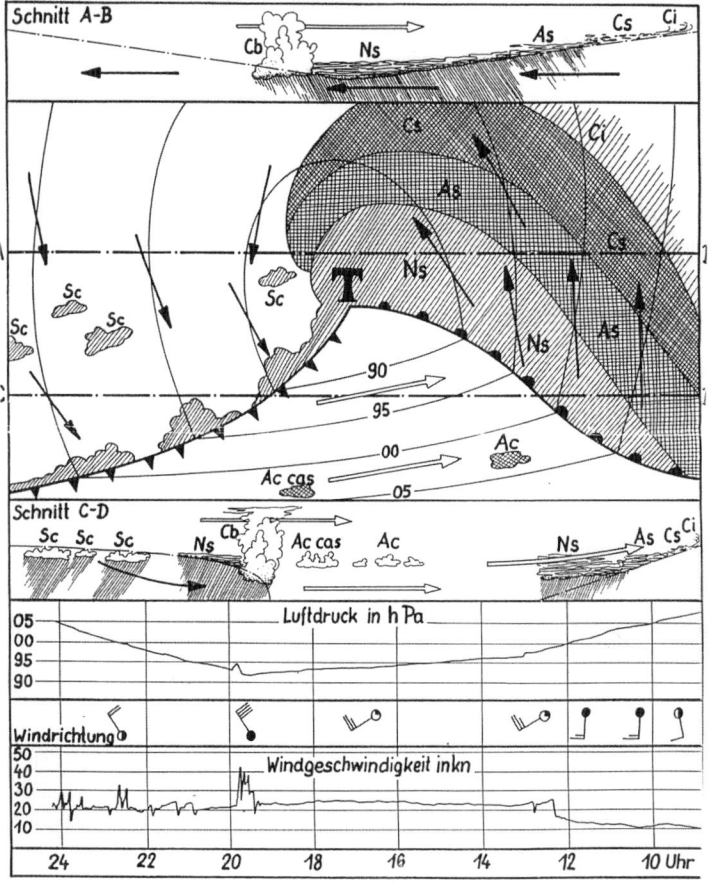

• Durchzug eines Tiefs:

– an der Warmfront finden sich Wolken, die in der Reihenfolge hohe Cirren – mittelhohe Schichtwolken – tief hängende Regenwolken aufziehen;

– schon früher beginnt der Luftdruck zu fallen, die Luftfeuchtigkeit nimmt zu, die Temperatur ab;

– nach dem Durchzug der Warmfront klart es rasch auf und wird deutlich wärmer; der Luftdruck allerdings stagniert;

– die Kaltfront kündigt sich an mit deutlich sinkender Temperatur, Schauerwolken und böigen Winden aus wechselnden Richtungen;

– die Niederschläge sind heftiger als an der Warmfront, die Regentropfen größer;

– noch während es regnet, beginnt der Luftdruck langsam zu steigen;

– nach Durchzug der Kaltfront allmähliche – in den Bergen deutlich verzögerte – Wolkenauflockerung, langsame Erwärmung.

• Was ist ein Hoch?

– Luftmassen mit relativ hohem Druck und stabiler Schichtung

– kaum Horizontalwinde, dafür Berg- und Talwinde in strenger Regel zur Sonneneinstrahlung;

– meist schönes Wetter.

3. Wolken und Niederschlag

- Entstehung der Wolke
  - die Luft kann nur eine bestimmte Menge Wasserdampf aufnehmen, abhängig von Temperatur und Druck;
  - diese Menge wird als relative Luftfeuchtigkeit nicht in Gramm, sondern in Prozent gemessen. 100 % bedeuten Sättigung der Luft und Beginn der Kondensation wie der Wolkenbildung;
  - wenn Wasserdampf kondensiert, wird Wärme frei.
- Eine Luftmasse kühlt ab
  - durch Verlagerung vom Meer auf das Festland;
  - durch erzwungenes Aufsteigen an Gebirgen;
  - durch Berührung und Vermischung mit anderen Luftmassen.
- Wichtige Wolkenarten
  - die Klassifizierung geschieht nach Höhe, Aussehen und Form der Wassertröpfchen;
  - Cirren sind flache Eiswolken in großer Höhe, auch bekannt als Feder- oder Schäfchenwolken;
  - Cumulus sind Haufenwolken mit balligen Formen, vielfältigem Ausmaß und zahlreichen Formen, etwa Quellwolken, Gewitterwolken, Haufenschichtwolke, Schönwetterwolke, u.a.;
  - Nebel ist eine Bodenwolke, die bei hoher Luftfeuchtigkeit und Abkühlung der bodennahen Luftschichten und relativer Windstille entsteht.

4. Wind

- Wie entsteht Wind?
  - durch Austausch unterschiedlich erwärmter Luft; kalte sinkt ab, warme steigt auf;
  - Ausgleich zwischen Luftmassen unterschiedlichen Drucks; vom Hoch zum Tief.
- Berg- und Talwinde
  - entstehen durch unterschiedliche Erwärmung und Abkühlung von Tal und Höhen, abhängig von Sonneneinstrahlung, Abstrahlung und Wärmespeicherung;
  - Talwind entwickelt sich im Laufe des Vormittags und flaut am Nachmittag ab;
  - Bergwind beginnt in der Nacht, weht talwärts und flaut bis zum Morgengrauen ab;
  - entstehen nur bei schönem Wetter.
- Horizontale Winde
  - Ausgleich zwischen Hoch und Tief;
  - Windstärke abhängig vom Luftdruckunterschied (Enge der Isobaren);
  - Windrichtung die Folge der Verteilung von Hoch und Tief (steht man mit dem Rücken zum Wind, dann befindet sich das Hoch großräumig schräg rechts vorne, das Tief links hinten).

4. Schritt: Vertiefung der Theorie

1. Föhn

- Ein Südwind, der die Alpen überquert und am Nordalpenrand Wolkenauflösung, Wärme und gute Sicht bringt.
- Im Winter selten, im Vorfrühling als „Schneefresser" bekannt.
- Die Großwetterlage: ein Hoch im Osten und ein sich näherndes Tief im Nordwesten.
- Das Tief saugt Luftmassen über die Alpen; diese müssen aufsteigen, kühlen sich ab, bilden Wolken und regnen ab.
- Auf der Nordseite ist es auffallend warm, besonders auch nachts; der Südwind kann im Gebirge heftig wehen, am Himmel sind linsenförmige Föhnwolken zu sehen, im Norden steht oft eine Mauer aus Schichtwolken an, nördlich der Donau regnet es, am Alpenhauptkamm Föhnmauer aus dichten Wolken.
- Auf der Südseite viele Wolken, Staulage, Niederschläge.
- Auf der Nordseite ist es deutlich wärmer, weil sich die Luft nach der Kondensation nur noch um 0,6 Grad abkühlt, beim Abstieg auf der Nordseite aber um 1,0 Grad erwärmt.
- Eine Ausnahme ist der „antizyklische" Föhn, bei dem auf der Südseite die trockene Luft des östlichen Hochs, und nicht feuchte Meeresluft aufsteigt. In diesem Fall bleibt es trocken.
- Auf Föhn folgt immer schlechtes Wetter von Nordwesten.
- Bei Föhn herrscht trotz schönen Wetters tiefer Luftdruck; eine Wetterverschlechterung wird allein durch eine Winddrehung auf West angekündigt.

2. Staulage

- Gegenstück zum Föhn: auf der Alpennordseite starke Bewölkung mit Dauerniederschlägen, auf der Südseite trockenes und sonniges Wetter.
- Kommt zustande durch hoch reichende, kalte Meeresluft aus N und NW, die bereits im Flachland zu Regen führt und sich an den Alpen staut.
- Folge: dichte Bewölkung und ergiebiger Dauer-Niederschlag.
- Ein Ende der Staulage ist erst absehbar, wenn der Höhenwind von W nach NO dreht, die Bewölkung von oben her abgebaut wird und der Luftdruck zu steigen beginnt.

3. Stabiles Hoch im Sommer

- Normale Hochs sind im Sommer in ein System von wandernden Tiefs eingebettet und daher von geringer Dauer und Ausdehnung;
- Das Azorenhoch dagegen gehört dem subtropischen Klimagürtel an und verlagert sich im Sommer auch nach Mitteleuropa;
- Die Folge: lang andauerndes, warmes Schönwetter bei hohem Luftdruck;
- Wichtig für die Beständigkeit: das Hoch ist auch in Höhen über 5000 m voll ausgebildet, so dass sich keine feuchte Luft darüber lagern kann;
- Es herrscht ein Druck um 1035 hPa.

4. Stabiles Hoch im Winter

- Es breitet sich über dem europäisches Festland aus, indem Kaltluft ständig erneuert und verstärkt wird durch:
    - sehr kalte Nächte;
    - große Schneebedeckung;
    - geringe Tageserwärmung.
- Die Luft über den Alpen sinkt großräumig ab und fließt auseinander.
- In der Höhe sammelt sich allmählich wärmere und trockene Luft: wolkenlos, gute Fernsicht, Inversion.

5. Alpentief

- Zentrum des Tiefs liegt über den Alpen.
- Zugrichtung oft von SW nach NO.
- Am Alpensüdrand Staulage, auf der Nordseite Aufgleitniederschläge durch Warmfront.
- Der Wind weht von NO bis SO, aber keine Föhnbildung.
- In Tallagen relativ kalt, in der Höhe warm.
- Dauer oft 4 – 5 Tage; dabei ergiebige Niederschläge, besonders in den Ostalpen.
- Häufigstes Vorkommen: Januar, November.

6. Gewitter

- Im Winter selten, aber als Teil einer Kaltfront möglich.
- In der Kaltfront bilden sich im Mischgebiet zwischen Kalt und Warmluft starke Auftriebskräfte: labile, feuchte Luft wird von sich unterschiebender Kaltluft „hoch geschleudert".
- Es entstehen Haufenwolken bis in Höhen von 8000 m, mit Blitz und Donner und böigem Wind.
- Dem Frontgewitter folgen ergiebige Niederschläge und deutliche Abkühlung.
- Im Winter bedeutet das: viel Schnee.

5. Schritt: Eigene Wetterprognosen

Methode:
in Kleingruppen werden die Mess- und Beobachtungswerte diskutiert. Anschließend wird ein Text verfasst, der am Ende getippt und für andere zum Lesen ausgehängt wird. Der Gruppenleiter sollte nur dann helfen, wenn grobe Missdeutungen ein ganz enttäuschendes Ergebnis erwarten lassen.

Der Lernprozess wird vor allem gesteuert durch den Vergleich zwischen
• einerseits der eigenen Prognose und
• andererseits durch den amtlichen Wetterbericht und das tatsächliche Wetter.

Bei der Klärung allerdings, wo die Fehler der Prognose gelegen haben könnten, kann der Gruppenleiter helfen, indem er Theoriewissen zur Verfügung stellt.

Wetterlage:
im ersten Teil des eigenen Wetterberichts sollte die Wetterlage beschrieben / gezeichnet werden.
• Wo liegen Hoch und Tief?
• Wohin ziehen sie?
• Welche Fronten könnten wetterwirksam werden?
• Wie wird grob das Wetter?

Vorhersage:
der Versuch Aussagen zu treffen über
• Bewölkung,
• Niederschläge,
• Wind,
• Temperatur,
• zeitlicher Ablauf.

Weitere Aussichten:
der Versuch, aus Großwetterlage, Vorhersage und gegenwärtigem Wetter einen Tipp zu wagen, wie es die nächsten Tage wahrscheinlich weiter geht mit dem Wetter.

6. Schritt: Präsentation

Methode:

- Es bietet sich an, ein spezielles Wetter-Info-Brett einzurichten, an dem alle Infos zum Wetter, also amtliche und selbst „gestrickte" Wetterberichte aushängen, aber auch die Mess- und Beobachtungsdaten.
- Die Kleingruppe „Wetterfrösche" sollte täglich vor den anderen einen Wetterbericht mündlich vortragen und auf Fragen antworten.

Gigantische Gewitterwolke

Wetterbeobachtung

Tag	Zeit	Reduzierter Luftdruck (hPa) 995 1000 1005 1010 1013 1015 1020 1025 1030 1035	Bewölkung Umfang	Art	Windrichtung	Vorhersage	Wolkenarten	Name
	7.00		○○					
	18.00		○○					
	7.00		○○					
	18.00		○○					
	7.00		○○					
	18.00		○○					
	7.00		○○					
	18.00		○○					
	7.00		○○					
	18.00		○○					
	7.00		○○					
	18.00		○○					
	7.00		○○					
	18.00		○○					
	7.00		○○					
	18.00		○○					
	7.00		○○					
	18.00		○○					
	7.00		○○					
	18.00		○○					

Messen, Beobachten und Aufzeichnen

Baustein
Schülerakzeptenz
und Projekte

Akzeptanz bei Kindern und Jugendlichen

Erwartungshaltung:

Würde man Kinder und Jugendliche vorab abstimmen lassen, was sie in einer Winterwoche gerne machen möchten, dann käme in den meisten Fällen heraus, dass sie auf die Piste wollen. Sie würden dort jeden Tag bis zum Umfallen Snowboarden und mit Pistenskiern fahren. Abends würden sie sich schminken, Disco veranstalten, spielen, auf den Zimmern hausen.

Auf keinen Fall wollen sie zu Fuß gehen und sich dabei körperlich anstrengen. Ebenfalls nicht interessiert wären sie an Umweltfragen, die vielleicht geeignet sind, ihr Pisten-Tun in Frage zu stellen.

Ein Teil würde gleich zu Hause bleiben, weil er keinen Skisport ausübt und das angebotene Ersatzprogramm aus Rodeln und Winterwandern als Veranstaltung zweiter oder dritter Wahl ablehnt. Die Folge: die Woche taugt nicht als Aktion zur Festigung der Klassengemeinschaft. Sie gibt den Schülern auch wenig Impulse für ihre eigene Freizeitgestaltung, denn sie reproduzieren vorwiegend ihre Form des Wintersports. Sie fahren genau so Ski, wie sie es sonst zu tun pflegen – und die Lehrer haben Mühe, ihnen Neues zu zeigen. Und seit die große Mode „Snowboarden" heißt, ist es für die Lehrer noch viel schwieriger geworden.

Zielsetzung:

Erklärte Ziele der Schule gleich welcher Gattung müssten aber sein:

- die Klassengemeinschaft zu stärken, indem möglichst **alle** an der Winterwoche teilnehmen;
- eine breite Palette von „Wintersportarten" anzubieten, die von den Schülern als prinzipiell gleichwertig erlebt und erachtet werden;
- Jeder Schüler sollte die wichtigsten „Schnee-Begegnungen" ausprobieren, so dass er nicht mehr als einen Tag auf der Piste verbringt;
- möglichst oft sollte unverstellte Naturbegegnung stattfinden, so dass unwillkürlich auch die Bereitschaft wächst, sich umweltschonend zu verhalten;
- die Aktivitäten dieser Woche müssen alle Sinne und auch die kognitiven Fähigkeiten der Schüler ansprechen;
- Dann lassen sich zahlreiche Ansätze finden, um Begonnenes im schulischen Unterricht als Projekt fortzusetzen oder wenigstens einen Transfer herzustellen;
- Der Bausteincharakter verlangt einerseits von den Lehrern Entscheidungskraft, aus einem Pool von Möglichkeiten auszuwählen;

- doch andererseits ermöglicht er es auch, das Programm an das Wetter, die örtlichen Gegebenheiten, die Schneelage, das Können der Lehrer und die Interessen der Schüler anzupassen.

Ergebnisse von Pilotprojekten und ersten alternativen Winterfreizeiten

- Die getesteten Altersstufen waren 7., 8. und 9. Jahrgangsstufen einer Realschule sowie Kinder und Jugendliche von Wochenendfreizeiten im Alter zwischen 7 und 14 Jahren. Viele dieser Teilnehmer waren gute Skifahrer; ein Teil aber Nichtskifahrer.
- Die Rückmeldung, die überwiegend mit Fragebogen und schriftlich gesammelt wurde, ist insgesamt sehr positiv. Selbst Bausteine, die von den Jugendlichen als mühsam empfunden werden wie Schnee-schuhlaufen oder mit Schnee bauen, oder die mit Kälte und Nässe verbunden sind wie im Schnee toben oder im Iglu übernachten, er-halten gute Bewertungen.
- Auch das Spielen, auf das Pubertierende ja nicht unbedingt „abfahren", kommt an, da das Spielfeld „große, abenteuerliche Winterlandschaft" jeden in den Bann zieht.
- Wichtig war es, die Jugendlichen auswählen zu lassen zwischen unterschiedlichen Angeboten, aber auch
- diese mit einem großen Freiraum an Mit- und Selbstbestimmung auszustatten.
- Viel hängt vom Vorbildverhalten der Lehrer ab: nur wenn diese glaub-würdig Lust am Winter und an der Materie Schnee vorleben, können sie die Anfangs – Unlust überwinden. Die weitere Motivation stellt sich durch gelungene Aktivitäten ein.

Fragebögen

- Die folgende **Fragebogen-Auswertung** zeigt das Beispiel einer 8. Klasse Realschule, die im Februar 1999 in der JH Sudelfeld logierte und bis auf einen Schüler vollzählig teilnahm:

Am Gipfel: Stolz auf den Aufstieg

Unterwegs: endlich eine Rast

Genaues Beobachten …

… und gewichtige Arbeit

Auswertung des Fragebogen

1. Klassengemeinschaft

Hast du deine Mitschüler/innen besser kennengelernt?

Note	1	2	3	4	5
Antworten	11	11	2	0	0

(Gesamtzahl: 24)

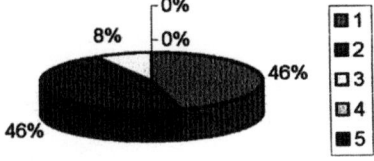

2. Inhalte der Winterfreizeit

*Anmerkung: Bei dieser Frage variiert die Gesamtzahl der Schüler,
da nicht jeder an allen Programmpunkten teilgenommen hat.*

a) Wie haben dir die verschiedenen Programmpunkte gefallen:

	1	2	3	4	5	Schnitt
Schneeschuhwanderung	8	9	5	2	0	2,04
Iglu-Bau	11	9	4	0	0	1,71
Iglu-Übernachtung	4	5	0	0	0	1,56
Schneeskulpturen	4	2	9	4	0	2,68
Entspannung	9	7	0	0	0	1,44
Bau einer Rodelbahn	7	3	0	0	0	1,30
Rodeln-Wettkampf	6	0	2	2	0	2,00
Skifahren einmal anders	10	0	0	0	0	1,00
Schneerallye	7	12	3	2	0	2,00

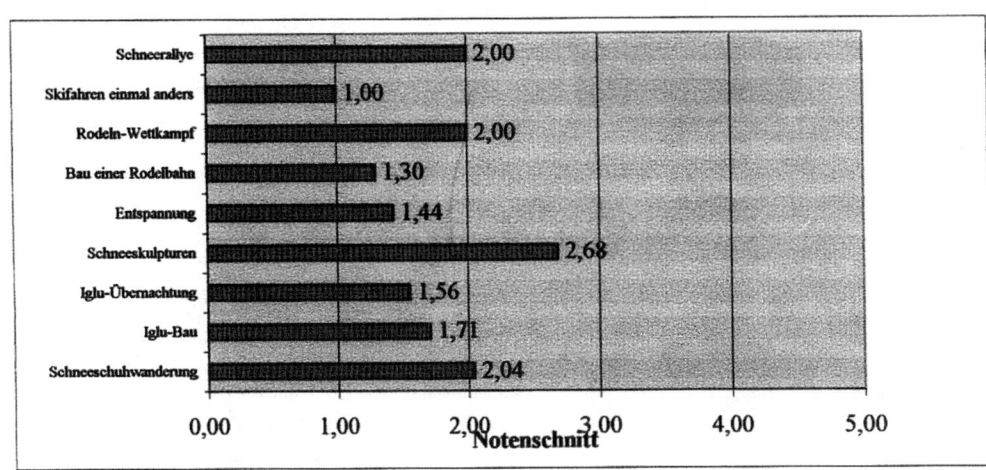

b) Welche Naturerfahrungsspiele haben dir besonders gefallen?

	1	2	3	4	5	Schnitt
Spurensuche	0	5	5	5	1	3,13
Hör- bzw. Riechminute	2	4	8	0	0	2,43
Verfolgungsjagd	10	8	4	2	0	1,92
Frostschutz	1	11	4	0	0	2,19
Wärmeschnecke	4	6	9	3	2	2,71
Sprung vom Hüttendach	7	3	0	0	0	1,30

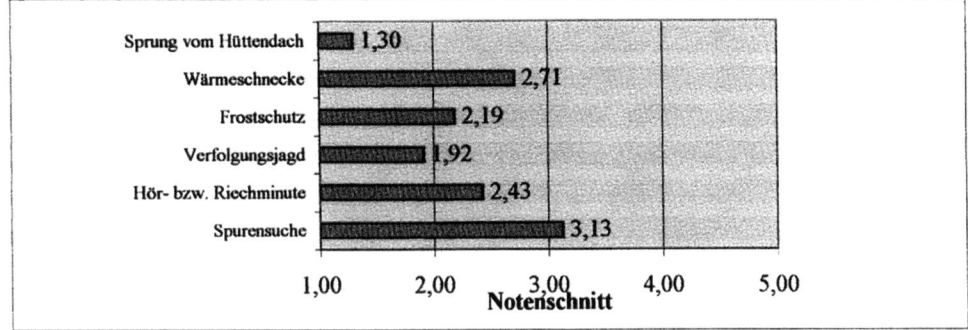

3. Lehrerpersönlichkeit

Hast du deinen Lehrer/in besser kennengelernt?

Bewertung	1	2	3	4	5
Antworten	8	12	4	0	0

(Gesamtzahl: 24)

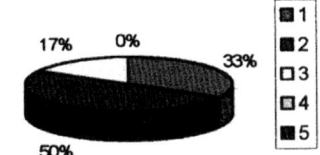

4. Gesamtbewertung

a) Wie hat dir die Winterfreizeit insgesamt gefallen?

Bewertung	1	2	3	4	5
Antworten	15	9	0	0	0

(Gesamtzahl: 24)

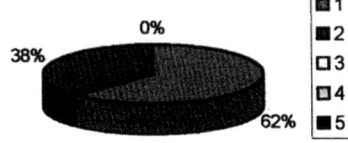

b) Sollten auch andere Klassen diese Art von Winterfreizeit durchführen?

Bewertung	1	2	3	4	5
Antworten	16	6	0	0	2

(Gesamtzahl: 24)

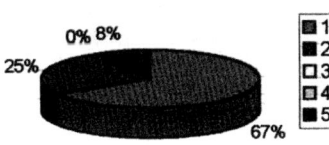

229

Eine Nacht im Iglu bleibt unvergesslich

Vertrauensübung

„Ameisen stürmen Burg"

„Höhlenbewohner"

Fragebogen zur Winterfreizeit

In diesem Fragebogen werden dir Fragen zu verschiedenen Themengebieten gestellt. Kreuze bitte nur diejenigen Fragen an, die für dich zutreffen und an denen du teilgenommen hast!

Hinweis:

1 = sehr gut	4 = weniger gut
2 = gut	5 = schlecht
3 = zufriedenstellend	

1. Klassengemeinschaft:
- Hast du deine Mitschüler/innen besser kennengelernt?　　`1 2 3 4 5`

2. Inhalte der Winterfreizeit
a, Wie haben dir die verschiedenen Programmpunkte gefallen:
- Schneeschuhwandern?　　`1 2 3 4 5`

- Iglu - Bau?　　`1 2 3 4 5`
- Iglu – Übernachtung?　　`1 2 3 4 5`

- Rodeln - Bau der Bobbahn?　　`1 2 3 4 5`
- Rodeln – Wettkampf?　　`1 2 3 4 5`

- Skifahren mit Big Foots?　　`1 2 3 4 5`

- Schneerallye?　　`1 2 3 4 5`

- Bau von Schneeskulpturen?　　`1 2 3 4 5`

- Entspannungstraining am Abend?　　`1 2 3 4 5`

b, Welche Naturerfahrungsspiele haben dir besonders gefallen?
- Betrachtung von Tierspuren?　　`1 2 3 4 5`

- Hör- bzw. Riechminute?　　`1 2 3 4 5`

- Verfolgungsjagd (Hasengruppe – Fuchsgruppe)?　　`1 2 3 4 5`

- Frostschutz (Filmdosen mit heißem Wasser, ...)?　　`1 2 3 4 5`

- Wärmeschnecke?　　`1 2 3 4 5`

- Hüttendach-Springen?　　`1 2 3 4 5`

3. Lehrerpersönlichkeit:
- Hast du deinen Lehrer/in besser kennengelernt?　　`1 2 3 4 5`

4. Gesamtbewertung:
- Wie hat dir die Winterfreizeit insgesamt gefallen?　　`1 2 3 4 5`

- Sollten auch andere Klassen diese Art von Winterfreizeit durchführen?　　`1 2 3 4 5`

Projekt Textsorten

Das Fach Deutsch wirkt nicht prädestiniert für ein Projekt im Zusammenhang mit einer Winterfreizeit. Da liegen Erdkunde, Biologie, Kunst und Physik näher.

Das folgende Beispiel möchte zeigen, dass aber selbst in diesem Fach fast mühelos Inhalte und Motivation geschöpft werden können.

Planung:
- Die Bereitschaft der Schüler einer 8. Klasse, im Deutsch-Unterricht Texte zu schreiben, wird sehr durch die Echtheit der Schreibsituation beeinflusst. Intensiv und positiv Erlebtes eignet sich besser als künstliche Situationen aus dem Schulbuch.
- Auch dem Lehrer fällt es leichter, Schülerarbeiten zu bewerten, wenn er das Erzählte oder Beschriebene selbst mit erlebt hat und dadurch die Genauigkeit oder Vollständigkeit des Textes besser beurteilen kann.
- Intensiv Erlebtes gräbt sich tief in die Erinnerung der Schüler ein und verknüpft sich mit positiven Gefühlen. Texte würden auch noch in einigem Abstand geschrieben authentisch wirken.
- Die Schüler sollten die Texte für eine Öffentlichkeit verfassen und daher am PC so weit verbessern, dass sie in Druck gehen können.
- Geplant wurden folgende Textsorten:
  - Bildbeschriftungen
  - Vorgangsbeschreibung
  - Bericht
  - Schilderung
  - Reportage

Realisierung:
- Wieder zu Hause, bestanden die kommenden Wochen im Fach Deutsch aus Aufarbeitung: die entwickelten Fotos wurden zu einer Ausstellung zusammengestellt. Zu jedem **Bild** war ein kommentierender **Text** zu finden.
  Da alle dabei waren, vieles lustig war und sich im Nachhinein noch zusätzlich verklärt hatte, gelangen auch ironische Texte.
- Als **Vorgangsbeschreibung** bot sich die Schnee-Rallye an, die durch ihre Stationen gut in Abschnitte zu gliedern war und die eine klare Handlungsanweisung erforderte (etwa für künftige Gruppen, die Ähnliches planten).
- Für den **Bericht** eignete sich entweder die gesamte Woche (im Lokalteil der Tageszeitung), oder das Schneeschuhwandern.

Sinnvolles Wechseln von Gemeinschaftsaufgaben…

…und von Einzelaufgaben

Regt die Sinne an, macht Lust

- Am besten **schildern** ließ sich die Iglu-Übernachtung, aber auch die Bob-Meisterschaft bot ebenso farbiges Material wie das Big Foot-Fahren auf der Piste.
- Zweifellos am schwierigsten war die **Reportage**, die aber als Misch-Textsorte die Vorübungen der anderen Sorten gut vertrug, so dass die Ergebnisse zumindest dem textgebundenen Aufsatz dienten, bei dem die Reportage ja eine wichtige Rolle spielt.

Ergebnisse:
- Im Folgenden sind einzelne Schülerarbeiten abgedruckt.

Iglubau: eine Schilderung

Immer schon haben sich die Eskimos aus dem Schnee ihre eisigen Unterkünfte gebaut. Warum sollten nicht auch Schüler aus Mitteleuropa dies nachmachen?

Zu allem bereit und gut in winterfeste Kleidung verpackt, machen sich zwei Gruppen der Klasse 8b der Realschule Peißenberg auf den Weg, heute eines dieser „Schneehäuser" zusammenzubauen.

Nach einigen Umrundungen des Platzes, dort wo später Iglu und Steinbruch errichtet werden sollen, ist der lockere Neuschnee so zusammengestampft, dass er zu Blöcken verarbeitet werden kann. Eskimo-Häuptling Herr B. teilt die Schüler in Gruppen ein.

Die Arbeiter im „Steinbruch" stechen große Schneeblöcke aus und laden sie muskelbepackten „Trägern" auf. Diese schleppen sie auf die „Baustelle", wo die „Maurer" schon sehnsüchtig auf Arbeit warten. Fleißig wird Block für Block ausgestochen und geschleppt.

Die kleine Truppe, die die Schneeblöcke zu einem Iglu zusammenpuzzeln soll, hat auch alle Hände voll zu tun. Immer wieder müssen sie neue Blöcke schnell und sicher aufeinander stellen und mit Schnee befestigen. Kleine Risse werden in den Grundmauern ohne Panik mit weichem Schnee zugekleistert. Immer neue Blöcke werden angereicht. Mit glänzenden Augen arbeiten die neuen Eskimos. Ab und zu kommt es zu kleinen Schneeballschlachten zwischen den Maurern außerhalb und denen innerhalb des Rohbaus. Allein der furchteinflößende Ruf des Häuptlings stoppt sie.

Allmählich türmt sich das Iglu bis auf Rumpfhöhe auf. Nun sind nur noch zwei Mädchen und drei Jungen im Inneren des sich allmählich

Iglubau

schließenden Iglus. Sie achten darauf, dass jede neue Blockreihe nach innen so weit wie möglich vorragt und verputzen eifrig alle Spalten zwischen den Blöcken. Die Haare der mitbauenden Mädchen haben sich inzwischen verfilzt, die Gesichter sind gerötet. Besorgt blicken Einzelne auf die überhängenden Mauern, ob diese nicht irgendwann nach innen stürzen und die Baumannschaft erdrücken. Immer höher wachsen die Mauern. Jetzt reichen nur noch die langen Jungs an die herangereichten Blöcke. Doch bleibt auch für die anderen genug zu tun.

Plötzlich ein beunruhigendes Schaben von unten, die Mannschaft stoppt irritiert ihre Arbeit. Vor ihren Füßen öffnet sich der Boden und heraus krabbelt der Häuptling. Er hilft ihnen, die letzten Schneeplatten als Decke aufzulegen.

Endlich ist der Weg ins Freie möglich. Mit blauen Lippen kriechen sie durch das Eingangsloch. Von außen bietet sich ein bizarres Bild: Hier stehen alle möglichen Ecken und Kanten aus dem doch an sich runden Iglu. Alle sind sich aber schnell einig, das Iglu erst fest frieren zu lassen, bevor ein Feinschliff erfolgt.

Auch wenn der Pseudo-Häuptling feststellt, dass er hoffe, kein richtiger Eskimo möge das verzogene Bauwerk begutachten, da er sonst wahrscheinlich lachend auf den Rücken fallen würde, ist die Gruppe sehr zufrieden mit ihrer Leistung. Sie wird sich wohl noch oft freudig an dieses tolle Erlebnis erinnern.

Stefanie Ruprich, 1999

Künstlergruppe in Aktion

Die JH Mittenwald ist eine ideale Unterkunft für Winteraktivitäten

Jugendherbergen verleihen auch Ausrüstung

Bauanleitung für eine Bobbahn: eine Vorgangsbeschreibung

Voraussetzungen

1. Schneeverhältnisse

a. *Menge: 0,5 – 1,5 m Schnee oder mehr (wenn es mehr ist, wird es schwieriger und man muss sich unbedingt hundertprozentig wasserdichte Kleidung anziehen, da man ansonsten nach dem Bau total durchnässt ist, vor allem in den Schuhen).*
b. *Art: es sollte ein gut abbindender und haftender Schnee sein.*

2. Geräte und Ausrüstung

Schaufeln für das Ausheben des Kanals. Zum Fahren sollte man am besten kleine Stielbobs verwenden, da die anderen die Schanzen zerstören, oder man sich höllisch weh tut (vor allem am Steißbein).

3. Schülergruppe

Es sollte eine Gruppe sein, die ihrem Lehrer gehorcht, damit nicht jeder einfach irgend etwas tut, sondern das was als nächstes gemacht werden muss. Sinnvoll ist es, die Strecke in Teilabschnitte zu zerlegen und durch Teilgruppen bauen zu lassen.

Platzwahl

Der Platz auf dem sie gebaut wird, sollte ein steiles Stück Hang bieten und dieser ungefähr 200 m lang sein (damit man bei Schanzen genug Schwung holen kann).

Bobbahn

Bauanleitung

1. *Auf dem Stück, auf dem die Bobbahn gebaut werden soll, muss der Verlauf grob festgelegt und anschließend festgetrampelt werden, damit ein guter Untergrund entsteht, der auch etwas aushält.*
2. *Nun, da die Bahn grob festgetrampelt ist, muss ein Kanal frei geschaufelt werden, in dem die Bobs dann fahren. (Die Seitenwände sollte man schräg abstechen, damit man erstens besser durch die Kurven kommt und diese zweitens nicht so leicht beschädigt werden, wenn man irgendwo hängen bleibt und in die Bande hinein fährt).*
3. *Nachdem man die ersten 10 – 20 Meter – die Länge hängt vom Gefälle ab – gestaltet hat, kann man eine Sprungschanze einbauen, die nicht in die Luft ragen, sondern abfallend weiter führen sollte (ansonsten fahren manche, die die Füße nicht oben halten können, dagegen und zerstören sie).*
4. *Danach kann man je nach Wunsch weitere Kurven einbauen, die aber nicht zu eng sein sollten, denn ansonsten fahren alle dagegen und der Fahrkanal geht kaputt.*
5. *Zum Abschluss kann noch einmal ein Sprung gebaut werden. Wenn auf Zeit gefahren werden soll, ist bei Start und Ziel jeweils ein Turm zu errichten, damit die Zeit besser gemessen werden kann.*

Florian Kusterer, 1999

Schnee-Steinbruch

Abenteuer im Schnee: eine Reportage
Eine 8. Klasse verbrachte 5 spannende Tage im tiefen Schnee

*Draußen ist es dunkel und klirrend kalt. In zwei Iglus liegen in Schlaf-
säcke gehüllte Schüler, die sich im Schein der Kerzen Geschichten
erzählen und die Absicht haben, dort die Nacht zu verbringen. Sie
waren nach dem Abendessen in ihrer Jugendherberge zu ihren ge-
räumigen Schneehöhlen gelaufen, die sie in den Tagen zuvor selbst
gebaut hatten. Die Nacht verspricht kalt zu werden, denn die Außentemperatur lag die Nächte zuvor bei -15 Grad. Doch alle 12 Schüler
sind guten Mutes. Wenn alle Stricke reißen sollten, bliebe ja immer
noch die Rückkehr zur nahe gelegenen Jugendherberge.*

*Die Klasse 8b der staatlichen Realschule Peißenberg verbrachte die
Tage vom 8.2. – 12.2.99 in einer Jugendherberge auf dem Sudelfeld
bei Bayerischzell. Hauptsächlich wollten sie lernen, dass man im
Winter auch ganz andere Dinge unternehmen kann als Skifahren und
Snowboarden. Eine besondere Aufgabe lag im Testen von Aus-
rüstungsgegenständen wie Schneeschuhe, die künftig in Jugendherbergen an Jugendliche ausgeliehen werden.*

*Im Allgemeinen erntete diese Klassenfahrt überall Zustimmung. Die
begleitenden Lehrer lobten, dass sie die Schüler besser kennen
gelernt haben, da in der Freizeit ein viel ungezwungeneres Verhältnis
als im Unterricht herrsche. Sie würden ähnliche Fahrten gerne
wiederholen.*

*Es gab allerdings auch leise Kritik. So meinte ein Lehrer: „Nun wollen
sämtliche 8. Klassen eine ähnliche Klassenfahrt machen. Das setzt
die anderen Lehrer unter Druck."*

Jugendliche sind konditionsstark

Auf dem Sudelfeld war den Schülern Einiges geboten. Sie konnten so den Umgang mit Schneeschuhen und Big Foots erproben, oder Iglus und Schneefiguren erbauen. Außerdem konnten sie ihr Können bei einer Rallye oder einer Bob-Meisterschaft unter Beweis stellen. Auch über die Jugendherberge gab es kaum Klagen. Zum Frühstück gab es immer ein Buffet und zum Mittagessen Lunchpakete, die die Schüler selbst zusammenstellen konnten. Das Gelände rund um das Haus war sehr abwechslungsreich und in Sichtweite lag das große Skigebiet mit vielen Pisten und Bahnen.

Zum Glück der Schüler spielte das Wetter gut mit. Zwar schneite es tagelang, doch genau diese 100 cm Neuschnee zauberten den Winter herbei, von dem man andere Jahre nur träumt.

Im Gelände. Der Himmel ist bedeckt. Kleine Schneeflocken tänzeln zu Boden. An einer Hütte macht eine Schülergruppe halt. Einige lassen sich müde in den Schnee fallen, um sich von der Schneeschuhwanderung auszuruhen. Andere legen die Handschuhe ab, um sich ihre Schneeschuhe ausziehen zu können. Dann rennen sie auf der dem Hang zugewandten Seite auf das Hüttendach, um sich dort entweder auf den Giebel zu setzen, von oben nach Nachzüglern Ausschau zu halten oder mit mutigen Sprüngen in den hüfttiefen Neuschnee zu springen.

Nach mehreren Sprüngen beginnen die meisten ihre Brotzeit zu verzehren, nicht ohne sich immer wieder mit Schnee zu bewerfen: ein nie endendes Spielchen.

Danach wieder in die Schneeschuhe, um mit langen Sprüngen bergab in Richtung Jugendherberge zu rennen. Die Verfolger sind gefährlich, denn sie fahren auf Snowboards. Wenn sie diese angezogen haben, werden sie die anderen bald einholen. Eine wilde Jagd.

Die Schüler der 8 b sind sich bewusst, dass dies eine recht ungewöhnliche Art von Klassenfahrt war. Sie wissen aber jetzt schon, dass sie diesen tiefen Schnee so wenig vergessen werden wie die vielen Erlebnisse.

Johannes Richter, 1999

Erlebnis Winter: die Klassen 7 b und 7 d im Schullandheim in Hindelang

3 Grazien im Torbogen der Rodel-Rennbahn

Nachdem in den drei Jahren zuvor bereits mehrere Klassen eher begeistert von früh sommerlichen Hindelang-Wochen zurückgekommen waren, starteten heuer erstmals zwei Klassen im Winter, um zu erproben, was die Lehrer versprochen hatten.

Die behaupteten und machten dies auch noch in einem Abend den Eltern weis, dass der Winter genauso abenteuerlich, naturnah und spontan sei wie der laue Frühling. Ja, man könne mit dem weißen Schnee noch mehr machen. Das Oberjoch sei ein exzellentes Skigebiet, in 1000 Meter Höhe absolut schneesicher.

Ja, und dann kündigten sie noch allerhand Exotisches für die Woche an: mit Schneeschuhen würde gewandert im tiefen Schnee, wer wolle könne mit Tourenskiern fahren, rodeln oder auch mit Bigfoots oder Snowboards auf der Piste räubern.

Sie behaupteten Schnee und Winter würden in allen Formen erlebt werden. Sogar Iglus sollten gebaut werden, die so warm seien, dass man mühelos in ihnen übernachten könne.

Zusätzlich machten sie, die Lehrer, uns den Mund wässrig, dass auch im Haus Besonderes stattfinde: ein toller Discoraum warte auf wilde Tänzer, eine Musikgruppe spiele auf den eigenen Instrumenten, die „Tagebüchler" schrieben an Romanen, das Wetter würde genau vermessen, und wer Lust habe, könne als Fotograf sensationelle Bilder schießen. Im Übrigen sei das Haus „super" ausgestattet, das Personal freundlich und hilfsbereit, das Essen schmackhaft. Nur würden die Einheimischen einen seltsamen, schwer verständlichen Dialekt sprechen.

Nun gut, wir glaubten nur die Hälfte, doch auch das reichte um sich vorfreuen zu können. So war es kein Wunder, dass fast alle Schüler mit fuhren, als es am 21. März mit dem Bus losging, hinein in eine frisch und tief verschneite Winterlandschaft. Das jedenfalls hatten sie gut hinbekommen, unsere Lehrer: rechtzeitig hatten sie für meterhohen pulvrigen Neuschnee gesorgt, so dass die Landschaft wie im berühmten Märchen aussah.

*Natürlich stellte sich dann bald heraus, dass nicht alles Gold war,
was versprochen wurde. Die Dorfrallye etwa gleich zu Beginn riss
keinen vom Hocker, und das Schneeschuhwandern der kommenden
Tage war so mühsam wie das Hatschen im Sommer. Aber einiges
hielt dann doch: etwa die Rodelabfahrten vom Oberjoch, die auf der
alten Passstraße eine wilde Jagd in die Tiefe waren; oder die selbst-
gebaute Rodelbahn mit Torbogen und Sprungschanze, über die der
Franzi 10 m weit hupfte, so dass alle Zuschauer bei der Landung um
seinen Hintern fürchteten. Aber auch der ausufernde Bau von mehreren Iglus – die schienen ein ganzes Dorf errichten zu wollen –, war
eine eindrucksvolle Gemeinschafts- und Architekturleistung. Wobei
sich klar die Frauen – junge wie ältere – als die eifrigeren Hand-
werker hervortaten. Allein das als sensationell angekündigte Biwak
im Iglu geriet zum Flopp, denn das Wasser hatten sie am Ende doch
nicht im Griff: statt der klirrend kalten Nacht, auf die wir uns gefreut
hatten, überrollte uns eine Warmfront mit nächtlichem Tauwetter.
Im Schlafsack liegend tropfte es aus allen Ritzen auf uns herab,
bis wir entnervt nachts um halb zwei die Flucht ins warme Bett an-
traten.*

*Der nächtliche Abstieg zum Auto im fahlen Schein des die Lichter des
Tales reflektierenden Schnees geriet dann aber doch zum unvergesslichen Abenteuer. Und so angenehm sind wir selten ins Bett ge-
kuschelt wie nach diesem nächtlichen Iglu-Bad.*

*Doch sollte jetzt der Eindruck entstanden sein, wir hätten vorwiegend
schlechtes Wetter gehabt, dann ist das ein falsches Bild. Es war im
Gegenteil ein Traumwinter, mit meterhohem Neuschnee und viel
Sonne. Auch die Allgäuer Berge bildeten so winterlich eine hochalpine Szenerie, an der man sich kaum satt sehen konnte.*

*Jeder Tag brachte neues Programm, in immer neu zusammen ge-
setzten Gruppen lernten wir uns über unsere Klassengrenzen hinweg
kennen, selbst die Lehrer zeigten sich gelegentlich von einer Seite,
die vergessen machen konnte, wie gemein sie im Schulalltag sonst
sein konnten.*

*Wenn wir am Ende der Woche sehr müde und daher gerne nach
Hause fuhren, dann nicht weil es uns nicht gefallen hätte. Wir waren
nur schrecklich ausgepowert von unseren kurzen Nächten, den
tausend Gesprächen und den stressigen Schneeabenteuern.*

*Ob wir etwas gelernt haben in dieser Woche, wie es die Lehrer gerne
gehabt hätten? Haben wir. Ob es das ist, was diese wollten? Ja
schon. Aber darüber hinaus haben wir im Umgang mit den anderen
Sachen gelernt, die es in der Schule nicht so schnell gibt. Und dass
Lernen nicht nebenher Spaß machen darf, wird ja keiner behaupten
wollen. Wir jedenfalls empfehlen kommenden Siebtklässlern: lasst
euch ein auf das Abenteuer „Erlebnis Winter".*

Aus dem Jahresbericht der staatl. Realschule Peißenberg, Juli 2000

Baustein
Organisation

„Alternative Freizeit" statt Schulskikurs?

Werden die Schüler befragt, was sie wollen, werden sie in der Regel das reproduzieren, was sie auch sonst in ihrer winterlichen Freizeit tun: Snowboarden oder Pistenski fahren. Eine in den letzten Jahren zunehmende Minderheit übt keinen Wintersportart aus und zeigt wenig Interesse, an einem Schulskikurs teilzunehmen. Damit aber sind alle Bemühungen um pädagogische Zielsetzungen, die sich unter dem Begriff „Klassengemeinschaft" subsumieren, fragwürdig.

Aber auch das Reproduzieren der Pistenskilauf-Techniken muss sich fragen lassen, warum die Schule dafür eine Woche wertvoller Schulzeit verwendet. Die Schüler lernen wenig Neues dazu, da das Niveau der schulinternen Skilehrer häufig nicht ausreicht, eine intensive Technikschulung zu betreiben, die dem Können der Schüler angemessen ist. Eine mit dem Pistenskilauf unbedingt zu verknüpfende Umwelterziehung aber gestaltet sich schwierig. Am Hauptübel, dass es sich um eine Massenveranstaltung handelt, dass der Bau von Pisten und Beförderungsanlagen einen schwerwiegenden Eingriff in das Ökosystem Gebirge bedeutet, dass Schneekanonen und gastronomische Einrichtungen am Berg zwar beim Publikum beliebt, aber eben auch ökologisch fragwürdig sind, kann der Schulskikurs nicht kratzen, ohne sich selbst in Frage zu stellen.

Bezüglich des zunehmenden Variantenfahrens im Tiefschnee neben der Piste oder gar auf Skitourentrassen lassen sich zwar Kenntnisse über Lebensräume von bedrohten Tierarten und über schützenswerte Verjüngungswälder vermitteln, doch verlangt dies vom Lehrer ein weit über das bisherige Maß hinaus gehendes Wissen und Können. Der massenhafte Umstieg der Jugendlichen auf das Snowboard mit der mit ihm verknüpften Zuwendung zum Tiefschneefahren erhöht diese Anforderungen an die Skilehrer / Gruppenleiter / Eltern noch einmal.

Die Autoren dieses Buches sind selbst Skilehrer und durchaus geübt im Umgang mit Skikursgruppen. Sie empfehlen trotzdem, sich für Alternativen zu öffnen. Die Rückmeldung der Jugendlichen, aber auch die Zustimmung der Eltern zu alternativen Winterfreizeiten ist so ermutigend, dass sie guten Gewissens von möglichst vielen angewendet werden dürfen.

Wer umsteigen möchte, muss allerdings einige Punkte berücksichtigen:

- **Pistenskilauf** ist nur noch ein Teil des Programms und steht nicht mehr im Mittelpunkt. Jeder Jugendliche / Schüler verbringt nur noch einen Tag auf der Piste.

- **Zielsetzung** ist, dass die Teilnehmer neue Möglichkeiten erfahren, mit Schnee auf kreative, vielfältige Weise umzugehen.

- **Das Gruppenerlebnis** erhält einen hohen Stellenwert: die Einzel-aktion Skilauf wird häufig durch Aktionsformen in unterschiedlich großen Gruppen ersetzt. Ein Iglu z.B. lässt sich ohne Teamwork nicht bauen, das daraus resultierende Gemeinschaftsgefühl bedeutet ein sehr wichtiges soziales Lernziel.

- **Sportliche Tätigkeiten** sind breit gefächert: Körperbeherrschung etwa beim Rutschen ist genauso gefragt wie Kondition beim Schneeschuhgehen.

- **Der Ort** einer Winterfreizeit muss nach anderen Kriterien gewählt werden als der einer Pistenwoche:
  – das Gelände sollte weiträumig sein,
  – neben mittelsteilen aber auch flache Partien bieten,
  – Wandermöglichkeiten abseits von Pisten haben,
  – nicht in unmittelbarer Nähe eines Pistengebietes liegen,
  – von der Höhenlage her viel Schnee versprechen,
  – mit einer reizstarken Landschaft viel Naturerlebnis versprechen.

- **Das Haus**, in dem die Gruppe untergebracht ist, sollte mehr bieten:
  – Wichtig sind genügend Räume für Gruppenarbeit, die am Abend stattfindet.
  – Ein vielfältiges Programm benötigt Ausrüstung, die ausleihbar sein sollte, vor allem Schneeschuhe und Schaufeln.
  – Die Medienausstattung sollte das Herstellen von Fotokopien und das Zeigen von Videos erlauben.
  – Ein Raum sollte auch als Werkraum benutzt werden können, um Experimente und Bastelarbeiten machen zu können.
  – Die Hausleitung sollte dem Programm und der pädagogischen Intention einer alternativen Winterfreizeit aufgeschlossen gegen-über stehen.

- **Die Lehrermannschaft** sollte folgenden Kriterien genügen:
  – Auf eine Lehrkraft sollten maximal 12 Schüler treffen.
  – Jeder Lehrer / jede Lehrerin sollte Aktivitäten im Freien selbst verantwortlich anleiten können.
  – Wichtig ist die Bereitschaft, sich auf winterliche Natur und Erlebnispädagogik einzulassen.
  – Die persönlichen Neigungen und Fähigkeiten sollten sich ergänzen: Kunst – Sport – Natur – Naturwissenschaft – Abenteuer sind gefragt.
  – Teamfähigkeit und Organisationsvermögen sind unabdingbar, da abhängig vom Wetter trotz aller Vorplanung vieles vor Ort organisiert und improvisiert werden muss.
  – Es kommen daher Lehrer aller denkbaren Fächerverbindungen in Frage; wichtiger als das Lebensalter ist die Einstellung zu den Inhalten der Woche.

- **Die Vorbereitung** in der Schule könnte folgende Schritte umfassen:
  – Reservierung eines geeigneten Stützpunktes. Möglichst ein Jahr im Voraus planen;
  – Teambildung zu Beginn des Schuljahres. Erste Vorbesprechung im Herbst;
  – Verteilung von Literatur über Erlebnispädagogik;
  – Auswahl der Bausteine, die für das Programm in Frage kommen;
  – Erstellung eines vorläufigen Wochenplans;
  – Elternschreiben 8 Wochen vorher: Information über Zielsetzung und Inhalte, Kosten und Ausrüstung;
  – Elternabend spätestens 4 Wochen vor Beginn der Freizeit: Vorstellung des Programms, Motivierung der Eltern, Gelegenheit für Fragen, Fotoausstellung über bereits statt gefundene Freizeiten;
  – Ausstellung im Schulgebäude: Fotos, Ergebnisse von Gruppenarbeit, Schülertexte;
  – Organisation der Anreise: Bus oder Bahn unter Beachtung des überdimensionierten Reisegepäcks;
  – Ausleihen von zusätzlicher Ausrüstung: Bigfoots, Rodel, Tourenskier, Schaufeln, etc. Dabei Berücksichtigung der Ausleihmöglichkeiten vor Ort;
  – Zusammenstellung der Materialien, die für die vielfältigen Aktionen benötigt werden und den Beschreibungen der Bausteine entnommen werden.

- **Die Dokumentation** während der Winterfreizeit erleichtert Reflexion und Nachbereitung. Dazu ist es sinnvoll, viel zu fotografieren und Erarbeitetes festzuhalten und zu sammeln.

- **Eine Nachbereitung** in der Schule kann auf verschiedenen
  Ebenen erfolgen:
  – Schüler schreiben für die Schülerzeitung;
  – Lehrer verfassen einen Text für den Jahresbericht;
  – eine Fotoausstellung bezieht die anderen Schüler mit ein;
  – die Fortführung von begonnenen Arbeiten im regulären Unterricht
    einzelner Fächer (vgl. Baustein „Schülerakzeptanz und Projekte");
  – die Ausweitung zum Projekt und damit die Fortführung in mehreren
    Fächern.

Anlagen:

Im Folgenden sind einige Beispiele von Texten und Planungen aufgeführt, die zur Konkretisierung dienen.

Erstellung eines Wochenplans:

Mit einem fertigen Konzept in eine Winterfreizeitwoche zu starten,
bringt viele Vorteile. Dieser Wochenplan wurde mit einer Schulklasse
durchgeführt. Allerdings kann die Reihenfolge der einzelnen Bauteile
variiert werden.

Vorschlag für einen Wochenplan

	Montag	Dienstag	Mittwoch	Donnerstag	Freitag
Vormittag		• Schneeschuh-wanderung	• Iglu-Fertigstellung • Bau von Schnee-skulpturen • Vorbereitung einer Ökorallye	• Big Foot-Fahren • Bau einer Rodelbahn	• Schneeschuh-wanderung • Rodel-Wettbewerb
Nachmittag	Anreise	• Baubeginn der Iglus	• Durchführung einer Ökorallye	• Big Foot-Fahren • Bau einer Rodelbahn	Abreise
Abend	Gruppen-einteilung	• Theorie zum Wetter • Entspannungs-training	• Übernachtung im Iglu • Entspannungs-training	• Theorie zu Lawinen • Gemeinschafts-spiele	

Der Tag wird in drei große Blöcke aufgeteilt: Vormittag, Nachmittag,
Abend.
Der Ablauf kann wie folgt gestaltet werden:

Die Anreise (1. Tag):

- Heute wird das Quartier bezogen und die Jugendlichen machen sich mit der Umgebung vertraut. Dabei sollte den Jugendlichen genügend Zeit eingeräumt werden, auf eigene Faust unterwegs zu sein. Wenn genügend Zeit ist, kann bereits ein geeigneter Platz für einen Iglu ausgekundschaftet werden.
- Am Abend wird den Jugendlichen das Wochenprogramm vorgestellt. Dabei kann sich jeder Teilnehmer für eine Gruppe entscheiden. Zur Auswahl steht unter anderem eine Wettergruppe, die im Lauf der nächsten Tage die Witterung beobachtet und auswertet (siehe Baustein Wetter).
  Eine weiter Gruppe ist die „Tagebuchgruppe". Sie hat die Aufgabe die Eindrücke und Erlebnisse des Tages zusammenzufassen und aufzuschreiben. Falls die Möglichkeit besteht kann daraus ein Artikel für die Schülerzeitung bzw. für ein Schülerradio entstehen.

2. Tag:

- Am Vormittag ist eine Schneeschuhtour geplant. Es bietet sich an, eine leichte Eingehtour auszuwählen, um die Jugendlichen mit dem neuen Fortbewegungsmittel vertraut zu machen (siehe Kapitel Schneeschuhe). Erfahrungsgemäß genügt ein Vormittag bzw. ein Nachmittag für eine erste Tour, um die Jugendlichen konditionell nicht zu überfordern.
- Nachmittags werden die Iglus gebaut. Im Normalfall genügt es, wenn 10 – 15 Personen an einem Iglu zusammenarbeiten.

Tipp: Die Iglus sollten gleich in den ersten Tagen gebaut werden, damit man sie auch nutzen kann. Nach dem Iglubau sind oft Handschuhe und Kleidung durchnässt. Aus diesem Grund sollte man den Baustein besser am Nachmittag durchführen.

- Für die gesamte Gruppe steht eine Einführung in das Wetter auf dem Programm (siehe Baustein Wetter). Eine Einführung in das Entspannungstraining (siehe Kapitel Entspannungstraining) rundet den Tag ab.

3. Tag:

- Vormittags werden die letzten Arbeiten an den Iglus abgeschlossen. Anschließend werden in der Nähe der Iglus Schneeskulpturen (siehe Kapitel Schneeskulpturen) in Kleingruppen von 2–5 Jugendlichen gebaut. Es empfiehlt sich ein Motto auszugeben z. B. Monster, Schneegeister, Tiere, ...
Unterdessen kann der Leiter die Stationen einer Öko- bzw. Schneerallye in der Nähe aufbauen (siehe Kapitel Schneerallye).
- Nach dem Mittagessen wird die Schneerallye zu zweit durchlaufen (siehe Kapitel Schneerallye). Wer fertig ist, kann sich gleich im Haus aufwärmen. Die Siegerehrung und Auswertung erfolgt in der Unterkunft.
- An diesem Abend werden die Big-Foots an die Skistiefel der Jugendlichen angepasst, um am nächsten Tag Zeit zu sparen. Wer Lust dazu hat, kann in den Iglus übernachten. Dabei muss jedoch gewährleistet sein, dass die Jugendlichen nachts in die Unterkunft gelangen können, falls es ihnen in den Iglus zu kalt wird.

4. Tag:

- Heute werden zwei Gruppen, Big-Foot-Fahrer und Rodler, gebildet. Die Skifahrer verbringen einen kompletten Tag auf der Piste (siehe Kapitel Big-Foot).
Die Rodlern bauen zuerst eine Rodelbahn (siehe Kapitel Rodeln).
- Abends werden die Jugendlichen über die Lawinengefahr aufgeklärt (siehe Kapitel Lawinen). Danach stehen Gesellschafts- bzw. Gemeinschaftsspiele auf dem Programm.

5. Tag:

- Nach einer größeren Schneeschuhtour werden auf der Rodelbahn „Weltmeisterschaften" durchgeführt und der Sieger bzw. die Siegerin gekürt.
Danach erfolgt die Abreise.

Fazit:

Gewiss gibt es viele Möglichkeiten eine Winterwoche zu planen. Das in diesem Buch vorgestellte Bausteinprinzip erlaubt eine flexible Reaktion auf äußere Umstände. Vor allem das Wetter ist der bestimmende Faktor. Die einzelnen Bausteine sind deswegen untereinander austauschbar.

Anlagen zu Elternschreiben und Auswertungen einer Winterfreizeit

Die angefügten Texte sind der praktischen Arbeit entnommen und können als Anregung dienen.

Staatliche.........-Schule   ...   .

An die   Eltern/Erziehungsberechtigten
         der Schüler
         in den Klassen 7b und 7d

Schullandheimwoche in der ....**vom**..............**bis**.................

Liebe Eltern/Erziehungsberechtigte,
in 5 Wochen findet der Schullandheimaufenthalt der Klassen 7b und 7d in
.... statt. Wir möchten Sie mit diesem Schreiben genauer informieren und vor allem zu einem **Informationsabend am 27.10.00 um 19.30 in der**
Aula der .... einladen. Dabei können Sie sich anhand einer kleinen
Ausstellung ein genaueres Bild machen und auch Fragen stellen.
Die Woche in .... ist nicht als Schulskikurs, sondern als **Freizeit**
„Erlebnis Winter" geplant. Wie Sie der beiliegenden Liste unschwer entnehmen
können, haben wir ein sehr **abwechslungsreiches, spannendes Programm** vorbe-
reitet, bei dem Ihre Kinder – unabhängig davon ob sie Ski fahren oder nicht – viel lernen
und großen Spaß haben werden.
Wir bitten Sie daher, Ihren Kindern die Teilnahme zu ermöglichen.
Sollten Sie mit der Teilnahme einverstanden sein, dann füllen Sie bitte die beiliegende
Einverständniserklärung aus und **überweisen**
bis zum .... **den Betrag von DM** .... unter dem
Stichwort „Schullandheim" auf das Konto Nr. .... der
.... Der beiliegenden **Ausrüstungsliste** können Sie entnehmen,
dass Ihre Kinder keine Ausrüstung anschaffen müssen, die über die normale Ski- oder
Rodelausrüstung hinaus geht. Doch ist es sehr wichtig, dass Ihre Kinder über warme
Unter- und möglichst wasserdichte Oberbekleidung verfügen, aber auch genügend Klei-
dungsstücke zum Wechseln dabei haben.
Wir fahren **am** .... **um** .... **Uhr**
ab .... los und kommen am Freitag, ... **gegen** .... **Uhr**
dort wieder an.
Die **Telefonnummer** der .... ist ....
Im Haus gibt es einen öffentlichen Fernsprecher, den ihre Kinder benutzen können.

Mit freundlichem Gruß

Anlage: • Einverständniserklärung; • Ausrüstungs- und Bekleidungsliste;
          • Programmbausteine

Programm für die Schullandheimwoche der Klassen 7b und 7d vom ....

Der Ablauf der Woche wird flexibel gestaltet. Vor allem das Wetter entscheidet, wann was stattfindet. Aber auch die Schüler dürfen sich aus dem großen Angebot an Handlungsmöglichkeiten aussuchen, wozu sie Lust haben.
Nur eine Einschränkungen sollte betont werden: diese Woche ist keine Pistenskilaufwoche!
Vielmehr wollen wir das Naturerlebnis stärken und auf kreative Weise mit Winter und Schnee umgeben.

Folgende Bausteine sind geplant:
- **Schneeschuhwandern:** im tiefen Schnee und abseits von Wegen.
- **Schneehöhlen- und Iglubau:** was die Eskimos können, versuchen wir auch.
- **Einführung in den Skitourenlauf:** eine Alternative zum „Pisteln".
- **Naturerfahrungsspiele:** spielerisch lernen, was Wald, Gebirge, Tiere und Wetter im Winter bedeuten.
- **Spielformen auf der Piste:** auch Pistenfahren kann spannend gemacht werden.
- **Im Schnee rutschen:** mit Bobs, Autoschläuchen, Plastikplanen.
- **Entspannungsübungen:** am Abend meditieren.
- **Wetterkunde:** beobachten und messen – und erst dann die Theorie.
- **Fotografieren:** eine Fotogruppe dokumentiert und entwickelt zuhause die Fotos selbst.
- **Ortrallye:** wir wollen auch Hindelang kennenlernen.
- **Winternacht:** eine Nachtwanderung oder gar eine Übernachtung im Iglu?
- **Musizieren:** warum nicht gemeinsam singen?
- **Tagebuch:** wer schreiben oder zeichnen mag, hat Vieles festzuhalten.
- **Disco:** die Schüler bedienen selbst die Musikanlage und tanzen – hoffentlich.
- **Geselligkeitsspiele:** an langen Abenden ist viel Zeit für „Siedler" u.a.

....
Datum / Unterschrift

Schullandheimwoche in . . . .
vom . . . . **bis** . . . .   **Klassen** . . . .

Ausrüstung und Bekleidung

1. Folgende Gegenstände sollten mitgenommen werden.
Was eingepackt wird, entscheiden letztlich Sie selbst:

- Pistenskier oder Snowboard
- Stöcke
- Plastikbob
- Skischuhe/Snowboardschuhe
- Bergschuhe/feste, wasserdichte Winterstiefel
- Gamaschen
- Möglichst wasserdichte und warme Skibekleidung
- Warme, langärmelige Unterwäsche
- Strümpfe, Socken
- Mütze, Stirnband
- 2 Paar Handschuhe
- Schneebrille/Sonnenbrille
- Tagesrucksack
- Oberbekleidung fürs Haus
- Schlafanzug
- Waschzeug
- Hand-/Badetuch
- Schreibzeug
- Taschenlampe
- Lektüre
- Sonnencreme, Lippenschutz
- Tischtennisschläger/Bälle
- Gesellschaftsspiele
- Trinkflasche/Thermosflasche
- Brotzeitdose
- Geldbeutel/Taschengeld
- Persönliche Medikamente
- . . . .

2. Folgende Gegenstände können mitgenommen werden:
- Lawinenschaufel
- Fotoapperat und Filme
- Karten- und Würfelspiele
- Brettspiele
- Malblock und Farben
- Barometeruhr
- . . . .

Skitour mit Kindern – auf dem Wertacher Hörnle

An die
Eltern/Erziehungsberechtigten
der Schüler der Klassen 7b und 7d

Abrechnung der Schullandheimwoche in . . . .
vom . . . .

Verehrte Eltern,

Inzwischen haben wir alle Rechnungen erhalten, so dass wir Ihnen eine
endgültige Abrechnung vorlegen können. Es freut uns natürlich, Ihnen
mitteilen zu können, dass wir von den eingesammelten DM . . . .
trotz Begleichung der Liftkosten DM . . . . zurückzahlen können.
Wir werden diese Summe ihrer Tochter / Ihrem Sohn in den nächsten
Tagen bar ausbezahlen.

Wir hoffen auch, Ihre Kinder haben Ihnen von einer erlebnisreichen
Woche berichtet, die bei aller Ähnlichkeit mit Winterurlaub doch auch
Wichtiges lernen ließ, was sich für den weiteren Schulbesuch günstig
auswirkt.

Mit freundlichen Grüßen

Anlage: 1 Abrechnung

Auswertung des Schullandheimaufenthaltes in ....
von .... **bis** .... **mit den Klassen 7b und 7d**

1. Busfahrt: Fa. .... verfügt über 2 Busse, die 2 Klassen fassen und Anhänger für Gepäck oder 33 Fahrräder haben.

2. Ausrüstung: Als Schwachpunkt erweist sich das Schuhwerk. Auch künftig ist verstärkt auf stabile, wasserdichte Winterschuhe hinzuweisen.

3. Verhältnis Programm – Freizeit: Zu kurz gekommen sind Gesellschaftsspiele (Karten, Brett, Würfel, etc.). Die Schüler bräuchten mehr Zeit für Kommunikation und zum Ausruhen.

4. Ausrüstung aus dem Haus: persönlich ausleihen, Gegenstände nummerieren, in Klassenlisten eintragen.

5. Zu den Programmbausteinen

- Allgemein: bessere Verknüpfung der Bausteine, indem etwa die Wettergruppe zusammen auf Tour geht; eher Schwerpunkte bilden statt Überfrachtung.
  - Wetter: sollte um praktische Teile erweitert werden; insgesamt wird mehr Zeit benötigt; Fortführung im Erdkundeunterricht sicherstellen.
  - Musizieren: Singbereitschaft in eigenem Gruppenraum größer; Instrumentalbegleitung durch Schüler möglich.
  - Tagebuch: Auswertung in Form einer Wandzeitung zusammen mit Fotos; Fortführung mittels Schülerradio und Schülerzeitung.
  - Schneeschuhwandern: künftig kleinere Gruppen bilden, Spiele einbauen und evtl. überwölbende Spielidee verwenden.
  - Iglubau: 3 Iglus besser als 2.
  - Übernachtung im Iglu: nicht mehr als 7 pro Iglu; zuerst Isomatten und Schlafsäcke auslegen.
  - Pistenskilauf: Leistungsgruppen bilden; dafür können Bigfoot-, Snowboard- und Skifahrer gemischt werden.
  - Bigfootfahrer: die Anzahl auf 30 Paar erhöhen, aber weiterhin ausleihen.
  - Ortsrallye: weniger Fragen; versetzter Start der Mannschaften; Wechsel der Mitglieder verhindern; gegenläufige Runde möglich machen; evtl. verschiedene Fragen.
  - Skitouren: künftig Secura-Fix-Bindungen ausleihen; kleine Gruppen bilden; mit Schneeschuhläufern mischen ist möglich.

- Rodeln: häufiger anbieten; als Nachtaktion möglich; in Verbindung mit Schneeschuhlaufen; offizielle Bahnen und selbst gebaute benutzen.
- Nacht: Igluübernachtung; Nachtwanderung; Rodeln; Sternhimmel.
- Bobbahn bauen: Bauaktion und Rennen auf Zeit; Einerbobs bewährten sich.

6. Begleitende Lehrkräfte:
   5 Lehrkräfte, die allein verantwortlich Gruppen leiten können, sind das Minimum. Sollte eine Lehrkraft die Qualifikation dafür nicht haben, ist eine weitere Lehrkraft erforderlich. Empfehlenswert erscheint die hospitierende Teilnahme von Referendaren.

7. Handys:
   Jede Gruppe sollte mit einem Handy ausgestattet sein, das ggf. die Schule zur Verfügung stellt.

Literatur

Munter, Werner — **3 x 3 Lawinen**, 1997,
ISBN 3-00-002060-8

Geyger, Peter und Pohl, Wolfgang — **Skibergsteigen, Varianten-fahrten**, Alpin-Lehrplan, Bd. 4, BLV 1998,
ISBN 3-405-14824-3

Bürgisser, Titus — **Abenteuer im Winter**, Rex Verlag 1993,
ISBN 3-7252-0580-9

Lapp, Volker — **Wie helfe ich mir draußen?** Pietsch Verlag 1988,
ISBN 3-613-50070-1

Kisch, Sven — **Das Schneeschuh Buch**, Kisch Verlag 1999,
ISBN 3-00-05017-5

Felder, Christine und Frischmann, Christoph — **Schneespiele**,
Eigenverlag, ISBN 3-9500792-03

Kraus, Lydia und Schwiersch Martin — **Die Sprache der Berge**,
Sandmann Verlag 1996, ISBN 3-929221-31-4

Cornell, Joseph — **Mit Freude die Natur erleben**, Verlag a.d. Ruhr
1991, ISBN 3-927279-97-8

Cornell, Joseph — **Mit Kindern die Natur erleben**, Verlag a.d. Ruhr
1991, ISBN 3-927279-97-8

Dewald/Mayr/Umbach — **Mit Kindern im Gebirge**, Bruckmann Ver-lag 1994, ISBN 3-7654-2587-7

Deutscher Alpenverein (Hrsg.) — **Mit Kindern im Gebirge**, 1998

Deutscher Alpenverein (Hrsg.) — **Spiel, Spaß und Verstehen**,
72 Naturerfahrungsspiele, 1998

Allaby, Michael — **Spannendes Wissen über Klima und Wetter**,
Christian Verlag, 1996, ISBN 3-88472-453-3

Müller, E. — **Du spürst unter Deinen Füßen das Gras**,
Frankfurt a. M., 1983

Das Deutsche Jugendherbergswerk (DJH) fördert neben dem „klassischen" Wandern natürlich auch das Reisen junger Menschen, von Familien und Kindern insbesondere auch Schulwandern, Schulfahrten, Schulskikurse und Schullandheimaufenthalte. Abenteuer und Erholung, Naturbegegnung und Umwelterfahrungen werden genauso ermöglicht werden wie die Begegnung mit der eigenen Kultur und das Kennenlernen anderer Kulturen. Authentische Erfahrungen, auch der eigenen Grenzen, fördern die Stärkung der eigenen Persönlichkeit wie auch Verständnis und Verantwortungsbewusstsein für Natur und Kultur, für Umwelt und globale Zusammenhänge.

Dazu betreibt der DJH Landesverband Bayern e.V., gegr. 1926, derzeit selbst 59 Jugendherbergen und ist für weitere 27 sog. angeschlossene Jugendherbergen in Bayern verantwortlich. Er bietet vielfältige Programme für Natur-, Umwelt- und Kulturerlebnisse sowie im Bereich der Gesundheitsvorsorge und Konfliktbewältigung an. In langjähriger bewährter Kooperation mit Kultusministerium, Schulämtern sowie den verantwortlichen staatlichen Stellen für Lehrerfortbildung werden speziell Lehrkräfte mit den Angeboten und Programmen vertraut gemacht.

Voraussetzung für die Nutzung von Jugendherbergen und ihren Leistungen ist die Einzel- oder körperschaftliche Mitgliedschaft im DJH. Es gilt die gesetzlich festgelegte Altersgrenze vom vollendeten 26. Lebensjahr, von der Lehrkräfte, Gruppenleiter und Mitarbeiter der Jugendarbeit sowie Eltern mit mindestens einem eigenen Kind ausgenommen sind.

Anfragen und Informationen beim:

DJH Landesverband Bayern,
Mauerkircherstraße 5,
D-81679 München,
Tel. 0 89/92 20 98-0; Fax 0 89/92 20 98-40 oder -50;
www.djh.de/bayern

Deutsches Jugendherbergswerk

Landesverband Bayern e.V.